AF591766

HISTOIRE

DE MADEMOISELLE

DE TERVILLE.

TROISIÉME PARTIE.

HISTOIRE
DE MADEMOISELLE
DE TERVILLE.

Par Madame de PUISIEUX.

TROISIÈME PARTIE.

A AMSTERDAM,

Er se trouve

A PARIS,

Chez la Veuve DUCHESNE, rue S. Jacques,
au-dessous de la Fontaine Saint-Benoît,
au Temple du Goût.

M. DCC. LXVIII.

HISTOIRE DE MADEMOISELLE DE TERVILLE.

TROISIÉME PARTIE.

ADEMOISELLE de Terville se rétablit difficilement de sa maladie. Il lui resta une tristesse d'autant plus à craindre, qu'elle étoit très-opposée à son caractère enjoué & folâtre; mais les chagrins qu'elle venoit d'essuyer, lui avoient fait faire de sérieuses refléxions, & lui montroient un avenir plus facheux encore que le présent. Quoi! disoit-elle à Madame de Vaury, on se sert du nom sacré d'un Prince équitable, pour enlever une fille honnête, pour la persécuter, l'outrager, la déshonorer, sans en avoir d'autres raisons que les fausses insinuations d'un pere injuste & méchant. Si cette aventure transpiroit, pourrois-je prétendre à aucun établissement ? Qui voudroit se charger de moi ? . . . . Ma mere, reprenoit-elle douloureusement, sera un obstacle éternel à mon avancement & à ma fortune.

Pendant qu'elle gémissoit sur son sort, son amant n'étoit pas plus heureux. Retournons à lui ; il est tems de reprendre ce qui le regarde. Il fut arrèté le jour même que la lettre de cachet fut signifiée a Mademoiselle de Terville, & conduit à la Bastille ; son désespoir étoit si grand, que le Gouverneur se crut obligé d'en informer le Ministre, qui envoya chercher Monsieur de Valcy, pour lui dire l'état où étoit son fils ; & qu'il eût à lui faire entendre raison, ou qu'il le feroit relacher, parce qu'il ne vouloit pas ſe prêter à cette tyrannie. Monſieur de Valcy alla à la Baſtille; mais ſitôt que ſon fils l'apperçut, il lui reprocha ſa dureté & ſon injuſtice, dans des termes ſi peu ménagés, que le Vieillard leva ſa canne pour le frapper. Sans le Gouverneur qui s'oppoſa à cette brutalité, peut-être que la ſuite auroit été plus fâcheuſe : ces procédés ne ſe pardonnent pas facilement : le pere & le fils étoient aigris à tel point qu'il n'y avoit plus d'apparence de pouvoir les réconcilier. Ainſi le Gouverneur ne trouva pas de parti plus convenable, que de dire à Monſieur de Valcy de ſe retirer : il voulut, avant que de ſortir, haſarder encore quelque choſe : mais ſon fils, ſe renverſant ſur ſa chaiſe, n'y répondit rien, & voyant qu'il ſortoit furieux, il lui jura qu'il ne retourneroit jamais dans ſa maiſon tant qu'il vivroit : & moi, dit le Vieillard, je mettrai bon ordre à ce que tu n'y reviennes jamais.

Il ne fut pas ſitôt parti, que le jeune de Valcy fondit en larmes. Ayez pitié, Monſieur, dit-il au Gouverneur, d'un homme qui n'a commis d'autre faute que celle d'aimer la plus aimable & la plus vertueuſe de toutes les femmes. Alors il raconta, de l'Hiſtoire de Mademoiſelle de Terville, la partie qui le concernoit, & apprit au Gouverneur les raiſons que ſon pere avoit eues de le faire arréter : il lui peignit ſa maitreſſe avec des couleurs ſi favorables, & ſi différentes de celles ſous leſquelles le Gouverneur en avoit entendu parler, que cet Officier, touché de ſon chagrin, lui promit de lui rendre tous les ſervices qui dépendroient de lui. Il ne m'eſt pas permis, ajoûta-t-il, de vous faire parvenir aucune lettre, ni de ſouffrir que vous écriviez à perſonne : mais je vous promets qu'avant que la journée de demain ſoit paſſée, je vous aprendrai des nouvelles de la Demoiſelle que vous vouliez épouſer : il prit ſon adreſſe, & envoya un domeſtique, qui ne trouva perſonne : il y retourna pluſieurs fois auſſi inutilement. Monſieur de Valcy crut que le Gouverneur l'amuſoit, & s'en plaignit : il ſe juſtifia aiſément. Ce récit augmenta le déſeſpoir de Monſieur de Valcy, qui s'imagina que, puiſque l'on ne pouvoit apprendre aucunes nouvelles de Madame de Vaury, ni de ſa maitreſſe, elles avoient été toutes les deux enveloppées dans ſon malheur. Son eſprit lui montroit ces honnêtes perſonnes, reduittes, à cauſe de lui, dans les circonſtances les plus humiliantes : ne voyant aucuns moyens de les ſecourir, il tomba dans un morne chagrin, qui le jetta dans le découragement. Une ardente fiévre, un tranſport violent lui succéda ; en peu de jours il fut réduit à l'extrémité.

Le Gouverneur, qui avoit entrevû l'infléxibilité de ſon pere, & qui craignoit pour la vie de ſon priſonnier, rendit compte au Miniſtre de l'état déſeſpéré où il l'avoit laiſſé. Ce Miniſtre donna ordre auſſitôt de lui rendre la liberté; mais le malade qui, dans ſes intervalles de bon ſens, n'étoit occupé qu'à ſe plaindre de la barbarie de ſon pere, & de la douleur qu'il cauſoit à ſon amante, n'étoit pas en ſituation de profiter de la grace que le Gouverneur venoit lui annonçer. Cet Officier s'approchant de ſon lit, lui dit qu'il étoit libre: cette nouvelle lui donna un peu de tranquillité; mais ne pouvant être tranſporté, il ne vit de conſolation que dans l'eſpérance d'être bientôt en état de raſſurer ſa maitreſſe, de lui donner, en l'épouſant, des preuves de ſa conſtance, & de reparer, par cette action, le mal qu'il lui avoit cauſé innocemment. Ces projets étoient d'un amant paſſionné, & d'un parfait honnête-homme, mais il ne connoiſſoit pas tous les ennemis de ſon repos : il s'éleva du ſein de ſa famille des obſtacles encore plus difficiles à vaincre, & à franchir que les murailles de la Baſtille.

Il avoit une ſœur mariée à un Préſident, d'une ancienne maiſon de robe, dont le caractère dur & opiniâtre avoit, dans plus d'une occaſion, armé le pere contre le fils. Entêté de ſa dignité, de ſon rang, fier de ſes ayeux, dont quelques uns s'étoient diſtingués dans leurs charges, il vit le mariage de ſon beau-frere avec des yeux d'indignation, & profita de cette circonſtance pour ſouffler le feu de la diviſion dans la famille de ſon beau-pere, afin de l'engager à faire des diſpoſitions en ſa faveur, au préjudice de ſon beau-frere : peut-être même que Monſieur de Valcy, qui aimoit ſon fils, ſe ſeroit porté volontiers à conſentir la premiere fois à ſon mariage avec Mademoiſelle de Terville, si son gendre ne lui avoit fait envisager cette alliance avec horreur. Ce fut bien pis la seconde fois: le Président engagea le crédule Vieillard, à se plaindre au Ministre de la conduite de son fils, & à le supplier de l'empécher de faire *un mariage infâme*, ayant peint Mademoiselle de Terville, sous les couleurs les plus horribles.

Monsieur de Valcy ignoroit que son beau-frere fût contre lui : bien loin de le soupçonner, il avoit pris en lui la plus grande confiance, & peu s'en étoit fallu qu'il ne lui eût fait part du dessein qu'il avoit d'épouser en secret Mademoiselle de Terville. Il lui avoit dans plus d'une occasion demandé des conseils : le Président condamnoit son beau pere, & finissoit toujours par dire : *il est dur & fâcheux; prenez patience.*

Il se chargea d'aller prendre Monsieur de Valcy à la Bastille, pour le conduire dans ses terres, à trente lieues de Paris, où il devoit lui faire ſupporter un plus dur eſclavage que celui d'où il ſortoit : ce fut au bout d'un mois qu'on jugea qu'il pouvoit être tranſporté. Le Préſident & ſa femme ſe préſenterent à la porte de la Baſtille, & le reçurent de la main du Gouverneur. La Préſidente lui donna tous les témoignages de la plus vive tendreſſe, quoiqu'elle fût d'intelligence avec ſon mari pour le tromper ; car elle avoit pris l'eſprit de ſon état, beaucoup de hauteur, & de mépris pour toute fille qui n'apportoit pas trois cent mille livres en mariage.

Monſieur de Valcy ſe crut trop heureux de ce qu'il n'appercevoit pas ſon pere dans le Carroſſe, & ſe laiſſa conduire où il plut au Préſident ; il étoit encore ſi foible, que le mouvement de la voiture lui fit mal. Ils furent contraints de s'arrêter à ſix lieues de Paris, & d'y reſter vingt-quatre heures. Pendant ſa convaleſcence, il avoit enfin eu des nouvelles de Mademoiselle de Terville, qui lui avoit marqué, qu'elle avoit été assez heureuse pour échapper aux horribles persécutions de son pere ; mais elle lui cachoit soigneusement son adresse, dans la crainte de quelques nouveaux malheurs.

Cette réponse ayant instruit Monsieur de Valcy, de la conduite de son pere, & tranquillisé en même-tems sur le sort de Mademoiselle de Terville, il se laissa conduire en Normandie, bien déterminé à revenir aussi-tôt que sa santé lui permettroit d'agir, & surtout à cacher ses démarches. Il espéroit que son pere s'acquitteroit envers Mademoiselle de Terville, des réparations & des dommages, & intérêts, que le Ministre avoit ordonnés. Ainsi tout contribuoit à lui donner de la sécurité. Il demanda ses domestiques, on lui répondit qu'ils le joindroient à la; * * * le seul qu'on lui avoit rendu à la Bastille, étoit vendu à son pere: ainsi il prit le parti d'attendre que ſes autres lui fuſſent renvoyés : il écrivît ſeulement une lettre à Madame de Vaury, dans la quelle il en mit une pour Mademoiſelle de Terville, & chargea ſon valet de les metre à la poſte; mais ce garçon la rendit au Préſident, qui en fit l'uſage que nous verrons dans la ſuite.

Le lendemain Monſieur de Valcy ſe trouvant mieux, l'on pourſuivit la route, & le jour ſuivant ils arriverent à la ***. ſon premier ſoin fut d'écrire à Mademoiſelle de Terville, qui avoit toujours conſervé le nom de Vaury : il lui faiſoit le détail de ſon voyage, lui marquoit le deſſein où il étoit de la joindre au plutôt, & de la mettre, en s'acquittant de ſa promeſſe, dans une ſituation à ne rien craindre. Je vais être, ajoutoit t-il, le plus heureux des hommes, en devenant votre époux. Il faiſoit l'éloge des bontés & des ſoins du Préſident pour lui, & de l'amitié de ſa ſœur : il comptoit recevoir une réponſe quelques jours après : mais n'ayant aucunes nouvelles & ne voyant point arriver ſes gens, il écrivit à un de ſes amis de lui expliquer les raiſons d'un ſilence ſi extraordinaire, & du retardement de ſes domeſtiques ; mais ce fut encore une démarche inutile. Le Préſident avoit donné de ſi bons ordres, pour que toutes les lettres de Monſieur de Valcy lui fuſſent remiſes, que pas une ne fut envoyée aux perſonnes auxquelles elles étoient écrites : ainſi ſon inquiétude ne fit qu'augmenter, ſurtout n'ayant pas eu de réponſe de ſon ami.

Il lui vint mille idées dans l'eſprit : il ſe figura que Mademoiſelle de Terville s'étoit laiſſée ſéduire par les offres de ſon pere, ou qu'elle l'avoit abandonné. Cette crainte redoubla, par les diſcours de ſa ſœur, qui adroitement eſſayoit de lui ôter du cœur une paſſion ſi contraire à ſa façon de penſer. Elle chercha à le diſtraire par les plaiſirs de la province. Il y avoit tous les jours nombreuſe compagnie chez le Préſident : de grands repas, le jeu, le bal, ſe ſuccédoient; les jours ſe paſſoient avec rapidité : Monſieur de Valcy étoit le ſeul qui s'ennuiât, parce qu'il étoit le ſeul qui ſût aimer. La privation de ſon objet lui rendoit tous ces amuſemens inſipides. Forcé de reſter dans un cercle de gens qui le gènoient, il montroit, par ſes fréquentes diſtractions, qu'il ne demeuroit que par bienſéance. Sous le prétexte de la chaſſe, il ſe déroboit quelquefois pour s'enfonçer dans le parc de la ***. d'où il ne revenoit que très-tard, & quand il ſçavoit que les parties de jeu étoient formées.

La Préſidente, peu ſcrupuleuſe ſans doute, ou penſant comme beaucoup de femmes, qui croient pouvoir ſe prêter ſans honte à de petites ſottiſes, pour en empêcher de plus grandes, engagea une fort jolie femme à tâcher de rendre ſon frere infidèle. Soit complaiſance, ſoit que le Cavalier lui plût, elle entreprit de bonne grace de le guérir de ce qu'elle appelloit un fol entêtement ; car, quoiqu'on eût dit à la Préſidente que la maitreſſe de ſon frere étoit une fille de condition, elle ſe croioit ſi fort audeſſus, par le rang de ſon mari, qu'elle avoit oublié que ſon pere avoit été un très-petit commis, pour ne ſonger qu'à la honte d'une alliance ſi diſproportionnée. Les mauvais contes qu'elle avoit faits à ce ſujet, avoient jetté un ridicule ſur le pauvre Valcy, qui ne pouvoit comprendre à qui il devoit tant de ſinguliers propos. La femme qui l'avoit entrepris, plus adroite que les autres, crut qu'elle réuſſiroit mieux à détruire une paſſion ſi tendre, en l'approuvant. D'abord, elle affecta de prendre le parti des amans délicats, & ſenſibles : ce manége réuſſit ; Monſieur de Valcy prit de la confiance en-elle, étant la ſeule perſonne qui ne le contrarioit pas ſur ſon amour. Il commença à devenir aſſidu près d'elle : il ſe plaiſoit à lui parler de ſes ſentimens & du bonheur dont il avoit joui auprès de Mademoiſelle de Terville. Vous a-t-elle accordé quelques faveurs, demanda cette confidente ? Non, répondit naïvement Monſieur de Valcy ; elle eſt trop ſage : & je l'eſtimerois bien moins, ſi .... il alloit dire une ſottiſe, mais il en fit une autre en n'achevant pas. La dame en rougit, & en eut un ſi violent dépit, qu'elle changea tout-à-coup de conduite. Elle avoit eu plus d'une intrigue galante à ſe reprocher, & ce que lui diſoit Monſieur de Valcy, ſembloit lui impoſer la néceſſité de ne lier aucun commerce avec lui. La Préſidente voyoit avec plaiſir l'effet de ſes ſoins ; mais elle ne tarda pas à ſe déſabuſer ſur la guériſon de ſon frere.

Cette diverſion ne dura pas long-tems. Monſieur de Valcy ne recevant aucunes lettres de Paris, que celles que l'on ne jugeoit pas dangéreuſes, prit le parti de s'eſquiver & de venir ſ'éclaircir lui-même d'un myſtère qui lui paroiſſoit incompréhenſible. Il prit la poſte un matin ſans en avertir, & fut en moins de dix-heures à Paris : il deſcendit chez Madame de Vaury, qu'il ne trouva pas : les voiſins lui dirent qu'il y avoit quinze-jours qu'elle étoit partie pour un voyage aſſez-long, & qu'on ne pouvoit pas lui apprendre où elle étoit allée, ni le tems qu'elle demeureroit. Ce fut un coup de foudre, pour Monſieur de Valcy ; Mademoiſelle de Terville ne lui avoit point écrit ſa demeure, dans la crainte qu'on ne la vînt encore troubler dans ſa retraite, & l'avoit prié d'adreſſer ſes lettres à Madame de Vaury. Ces précautions étoient ſages ; mais elles le mirent dans le plus grand déſeſpoir, par les difficultés qu'il rencontra, à découvrir la demeure de Mademoiſelle de Terville.

Auſſi-tôt qu'il fut à Paris, il ſe rendit chez le ſeul ami auquel il eût confiance, qu'il étonna beaucoup, quand il ſe plaignit du ſilence qu'il avoit gardé. Après beaucoup d'obſcurité dans leurs reproches, ils s'expſiquerent : Monſieur de Valcy proteſta qu'il lui avoit écrit pluſieurs fois ; ſon ami lui jura qu'il n'avoit reçu aucunes de ſes lettres, quoiqu'il lui en eût écrit pluſieurs. Après ces éclairciſſemens, ils jugerent qu'il falloit que ſon beau-frere eût ſouſtrait les lettres à ſon adreſſe. Cette penſée le rendoit furieux ; il vit par-là que le Préſident étoit d'intelligence avec ſon pere, pour le tromper, & qu'il s'étoit confié à un traître. Son inquiétude le reprit pour Mademoiſelle de Terville : il craignit encore quelque nouveau malheur pour elle. Son ami ne put lui rien apprendre, qui le tirât de la cruelle perpléxité où il étoit.

Le Préſident & ſa femme, ne le voyant pas revenir, crurent qu'il étoit allé chez quelque Gentilhomme du voiſinage ; mais le ſoir ils commencerent à s'inquiéter. On envoya aux environs ; on n'apprit rien, ſinon qu'il avoit pris la poſte pour Paris ; & comme il importoit qu'il ne ſçût pas ce qu'étoient devenues ſes lettres, le Préſident envoya en diligence un domeſtique avertir ſon beau-pere, de la fuite de ſon fils, & des conſéquences de ſon ſéjour à Paris.

Pendant que le Préſident s'inquiétoit, Monſieur de Valcy ſe donnoit tous les mouvemens néceſſaires, pour déterrer Mademoiſelle de Terville : il ne trouva de ſes domeſtiques qu'un ſeul, qui avoit été congédié par le vieux Valcy, & qui étoit reſté chez ſon ami, en attendant de pouvoir le joindre ; il le chargea de courir tous les quartiers de Paris, pour eſſayer de trouver Mademoiſelle de Terville. Il envoya chez Monſieur de Tarol ; mais il y avoit deux mois qu'il étoit retourné en Auvergne : ainſi cette reſſource lui manqua encore. Il paſſa trois jours dans la plus vive impatience ; le quatriéme il repartit comme il étoit venu, & arriva le ſoir à la * * *, bien réſolu de s'expliquer avec ſon beau-frere, ſur la perte de ſes lettres, & de prendre avec lui des arrangemens, ſur des intérêts de famille qu'il lui importoit de terminer.

Si ſon abſence avoit cauſé bien du trouble, ſon retour ſurprit & réjouit tout le monde. Il ne dit rien qui fît ſoupçonner qu'il ſçavoit la trahiſon qu'on lui avoit faite : il répondit ſeulement aux queſtions qu'on lui fit, qu'étant fort inquiet de ne recevoir aucunes nouvelles de Paris, il avoit pris la poſte pour s'y rendre, & s'éclaircir de certaines circonſtances qu'il lui importoit de ſçavoir : la ſoirée ſe paſſa aſſez tranquillement ; il ſe retira dans ſon appartement, bien résolu de ne pas rester long-tems dans le silence, mais ne prevoyant pas les suites funestes de l'explication qu'il devoit avoir avec son beau-frere.

Le lendemain il entra dans le cabinet du Président. Je viens, Monsieur, lui dit-il, vous demander de quel droit vous avez soustrait des lettres à mon adresse ? Le Président rougit, & répliqua qu'il falloit, avant que d'accuser les gens de pareille chose, être bien sûr de son fait. Monsieur, reprit Monsieur de Valcy, le Maître de la poste assure qu'il a donné beaucoup de lettres pour moi, dans les paquets qu'il vous faisoit tenir, & que le commissionaire qui les apportoit, avoit eu ordre de ne les remettre qu'à vous. Cet homme se trompe, repliqua le Président, d'un ton affirmatif, & je le ferai repentir d'avancer de pareilles faussetés. Et vous, Monsieur, qui me croyez capable d'une action de cette nature, vous me semblez bien aſſuré ? Songez à changer de langage & de conduite ; car je ne ſuis pas d'humeur à ſouffrir l'un, ni à approuver l'autre! ſans moi votre pere vous déshéritoit, & vous ſeriez dans le cas d'un cadet aſſez-mal à ſon aiſe. Monſieur de Valcy n'avoit rien dit pendant tout ce diſcours ; il regardoit le Préſident avec un air railleur, qui le déconcerta. Puis-je avoir l'honneur de vous répondre, lui demanda-t-il enfin ? Que pouvez-vous dire pour votre juſtification, reprit le Préſident ? Je ne dirai que deux mots, continua Monſieur de Valcy : c'eſt que vous êtes un fourbe qui me jouez depuis long-tems ; vous n'avez animé mon pere à me chagriner, que pour profiter des déſordres de la famille pour vos intérêts : & ſi mon pere me déshéritoit, ce ne ſeroit que par votre conſeil. Le Préſident, choqué qu'un petit Capitaine, fils d'un petit Financier, oſât lui tenir un tel langage, ſe mit dans une furieuſe colère, & uſa de termes ſi inſultants pour Monſieur de Valcy, qu'il ne put les ſouffrir : il lui dit que, le regardant comme une femme, ſes injures ne pouvoient l'offenſer, mais qu'il ſe comportât à l'avenir convenablement, parce qu'il ſauroit lui apprendre à vivre, même à ſe taire. Le Préſident avança près de lui avec un geſte, qui fit croire à Monſieur de Valcy qu'il vouloit le frapper : alors ne ménageant plus rien, dans le premier mouvement de ſa colère, il lui donna un ſoufflet. Le Préſident fit les hauts cris ; ſa femme & les domeſtiques accoururent : on trouva de Valcy qui deſcendoit les degrès comme un furieux, commandant de lui ſeller un cheval, pour s'éloigner promtement du Château.

Le Préſident, ſuffoqué par la colère, eut peine à s'expliquer ; mais ſa femme porta d'abord tout le poids de ſon reſſentiment. Voilà, lui dit-il, à quoi l'on s'expoſe, en épouſant des filles de néant : votre frere vient de me déshonorer en me donnant un souflet, mais je le ferai périr sur un échafaud. La Présidente effrayée de ces dernieres paroles, tremblante pour un frere qu'elle aimoit, ne put souffrir les invectives que son mari lui prodiguoit; elle se remit de son trouble assez promptement. De quoi, Monsieur, vous plaignez vous? Et pourquoi ces injures? Je vous vois plein de santé : mon frere n'auroit-il pas plûtôt raison de se plaindre de vous? Car il descend furieux : il m'a donné un souflet, vous dis-je Madame! & vous l'excusés encore! La Présidente, qui ne connoissoit pas toute la conséquence d'un souflet, surtout donné à un homme de robe, tâcha d'inspirer plus de modération à son mari, mais en vain : il l'accabla de reproches de ce qu'elle prenoit le parti de son frere : elle ne put les endurer plus long-tems, & lui dit qu'il étoit bien dur pour son pere d'avoir donné cent mille écus pour avoir un tel gendre ; & pour elle de vivre avec un homme âgé & bourru comme lui. Le Préſident lui dit impérieuſement de ſortir de ſon cabinet, & de ne plus paroître devant lui. Elle obéit, & ſe retirant dans ſon appartement, elle écrivit à ſon pere la ſcène qui venoit de ſe paſſer : mais rien n'affectoit tant le vieux Valcy, que l'inclination de ſon fils, & pourvû qu'il n'épouſât pas une pauvre fille de condition, il étoit content.

Il ſentit cependant toutes les conſéquences de l'affaire qui venoit de ſe paſſer entre les deux beaux-freres. Monſieur de Valcy avoit pris le chemin de Paris, pour eſſayer encore s'il pouroit découvrir la demeure de Mademoiſelle de Terville. Il avoit chargé ſon domeſtique de confiance, d'aller tous les jours dans les différentes Egliſes: c'étoit le ſeul endroit où il pouvoit rencontrer une fille malheureuſe, qui s'étoit s'étoit volontairement séquestrée de la société. Il étoit sûr qu'elle n'étoit pas sortie de Paris, ayant écrit à Madame de Terville, qui lui avoit fait réponse qu'elle ne savoit pas l'adresse de sa fille, parce qu'elle avoit toujours envoyé ses lettres à Madame de Vaury.

Son valet ne fut pas long-tems sans la rencontrer : le lendemain du départ de son maître, il la trouva aux Jacobins de la rue saint Dominique. Elle étoit si changée que ce garçon eut peine à la reconnoître. Enveloppée dans ses coeffes, elle sembloit même éviter les regards de tout le monde : cependant ce fut-elle qui le remarqua ; & ne doutant pas, par la maniére dont il examinoit curieusement toutes les femmes, qu'il ne la cherchât, elle lui fit signe, & se retirant dans un endroit obscur, elle lui demanda des nouvelles de son maître. Hélas! Mademoiselle, il vous cherche partout : depuis quelques jours je suis occupé par son ordre, depuis le matin juſqu'au ſoir, à parcourir les Egliſes, les promenades, & tous les lieux où je pourrois vous rencontrer : mon maître ſe meurt de chagrin de vous avoir perdûe. Mademoiſelle de Terville, touchée de ce diſcours, lui fit pluſieurs queſtions, & lui dit que n'en recevant aucunes nouvelles, elle avoit envoyé pluſieurs fois chez ſon pere; qu'elle n'avoit eu d'autre ſatisfaction que de ſavoir qu'il étoit ſorti de la Baſtille, pour aller en Normandie chez ſon beau-frere; que ne voulant point donner ſon adreſſe, elle lui avoit écrit où il pourroit la voir. Mademoiſelle de Terville eut beaucoup de peine à ſe confier à ce garçon : elle s'imaginoit toujours voir le vieux Valcy entrer chez-elle pour l'injurier : la lettre de cachet ſurtout lui revenoit ſans ceſſe dans l'eſprit. Ces terreurs la faiſoient héſiter ſur le parti qu'elle devoit prendre; enfin, voyant ce domeſtique déterminé à ne la point quitter qu'il ne ſçût ſa demeure, elle la lui dit, en lui ordonnant de n'en parler à perſonne, ni de l'écrire à ſon maître. Après toutes ces précautions, elle le quitta, craignant encore quelques trahiſons. Fort ſatisfait de ſa découverte, il retourna chez l'ami de ſon maître qu'il trouva de retour. Quelle heureuſe nouvelle pour cet amant! ſans ſonger à ſe repoſer, il vola chez Mademoiſelle de Terville. Qu'on juge de ſes tranſports; rien ne peut les égaler : lorſqu'il fut un peu plus tranquile, il lui raconta tout ce qu'il avoit ſouffert, ſes inquiétudes, ſes allarmes pour elle; ſon voyage à Paris, ſes recherches empreſſées & inutiles pour la découvrir, ſon déſeſpoir, quand il apprit ſa perte de ſes lettres, ſon retour à la * * *, & enfin l'affaire qu'il venoit d'avoir avec ſon beau-frere, qui l'avoit obligé de revenir promptement à Paris.

Il n'avoit point encore eu le tems

de lui faire des questions sur Madame de Vaury ; il lui en demanda des nouvelles. Mademoiselle de Terville, plus tranquille, avoit été très touchée des sentimens & de la constance de son amant ; mais, se possédant mieux, elle lui raconta tout ce qui s'étoit passé depuis leur séparation, & lui dit que Madame de Vaury, ayant reçu une lettre de son fils, dangereusement malade à Metz, elle étoit partie sur le champ pour lui donner ses soins. J'ai encore été privée, ajouta-t-elle, de cette consolation dans la malheureuse circonstance où j'étois ; mais je vous retrouve, & je ne songe plus à mes peines. Monsieur de Valcy étoit trop sensible pour ne pas répondre avec tendresse à un pareil aveu : Mademoiselle de Terville ne prevoioit pas que l'affaire qu'il avoit eue avec son beau-frere, auroit de si facheuses suites, & qu'il devoit encore se séparer d'elle.

Les transports de l'amour ne ressemblent en rien aux mouvemens de l'amitié la plus tendre. Monſieur de Valcy étoit hors de ſes ſens d'avoir recouvré l'objet de ſa paſſion : Mademoiſelle de Terville éprouvoit un ſentiment agréable, mais calme & modéré : ſon cœur n'étoit affecté que par la reconnoiſſance ; elle lui eût ſacrifié ſa fortune, & n'eût pas eu pour lui la moindre foibleſſe ; elle lui auroit rendû les ſervices les plus zélés, mais ſon cœur ne ſentoit pas la moindre émotion ; rien enfin n'entroit en comparaiſon avec ce feu, cette vivacité, cet intérêt, avec leſquels Monſieur de Valcy étoit porté vers elle : il ne la quitta qu'avec peine, & quand la bienſéance ne lui permit plus de demeurer. La bonne Madame Didier venoit de tems en tems lui dire qu'il étoit tard : il ſe préparoit à ſortir, & un moment après, il ſe remettoit ſur ſa chaiſe, & ne paroiſſoit plus s'occuper que de ſa tendreſſe. Enfin il s'arracha d'auprès d'elle.

En ſortant, il prit à part Madame Didier, & voulut lui faire accepter une ſomme pour la penſion de Mademoiſelle de Terville, qu'elle refuſa abſolument, diſant qu'elle étoit fort ſatisfaite, & qu'on ne lui devoit rien : il remit à une autre fois à prendre des meſures convenables pour que Mademoiſelle de Terville ne manquât de rien, juſqu'au jour où il pouroit partager ſa fortune avec elle, en lui donnant ſa main.

Il revint le lendemain de bonne heure : lui fit approuver qu'ils ne différeroient leur mariage que juſqu'à ce qu'il eût pris quelques arrangemens pour en dérober la connoiſſance à ſon pere. Il étoit en âge de ſe paſſer de ſon conſentement, & il ne deſiroit prendre des précautions, que parce qu'il l'avoit menacé pluſieurs fois de le déshériter, s'il ſe marioit contre ſon gré, & qu'il en attendoit une fortune conſidérable : il lui reſtoit ſa part du bien de ſa mere, dont il n'oſoit demander compte. Rien n'étoit ſi embaraſſant que ſa ſituation : d'un côté dominé par une paſſion violente pour une fille aimable, dont la misère & la vertu égaloient la beauté ; d'un autre côté une fortune ſolide & brillante qu'il falloit ſacrifier à l'amour & à la probité ; il n'y avoit point à héſiter : auſſi ne balança-t-il pas. Ne demandant à Mademoiſelle de Terville que du ſecret, il lui dit qu'il étoit déſeſpéré de ne pouvoir la placer dans une ſituation plus brillante : accoutumée à une vie obſcure, & lui ſuppoſant beaucoup d'amour, il crut qu'elle penſeroit comme lui, & qu'elle trouveroit ſa ſituation heureuſe avec un époux qui l'adoroit.

Il reſtoit une reſſource à Mademoiſelle de Terville, dont elle n'oſa jamais faire uſage; j'entends les dommages & intérêts qui lui étoient dus, par le pere de Monſieur de Valcy ; ne voulant point l'attaquer en juſtice, timide & raiſonnable, elle penſa qu'une femme s'expoſoit à être la fable d'une Ville, quand elle commençoit à ſe faire connoître par une aventure d'éclat: rien n'étoit plus ignoré que la lettre de cachet qu'on avoit obtenue contre elle: mais la demande en juſtice n'auroit pas été auſſi cachée, & l'on auroit pu en tirer des conſéquences fâcheuſes pour ſa réputation.

Toute la prudence humaine ne peut pas prevoir les événements. Le Préſident de B * * *, étoit trop vindicatif pour négliger l'occaſion de perdre ſon beau-frere. Sa femme s'étoit retirée au Couvent, après la ſcène que nous avons racontée; & elle attendit quelque tems pour l'attaquer en ſéparation. Il avoit eu plus d'une fois des procédés violents avec elle: toujours ſous le prétexte qu'elle étoit d'une naiſſance commune, il avoit cherché tous les moyens de la ſubjuguer & de l'humilier.

Auſſi-tôt qu'elle fut ſortie de ſon

cabinet, il monta dans ſa chaiſe, & alla à Rouen faire dreſſer un procès verbal contre ſon beau-frere, qu'il accuſa de l'avoir maltraité dans ſa propre maiſon, de paroles & d'effets : il donna une ſi odieuſe tournure à cette affaire, que les Juges en peu de jours décréterent Monſieur de Valcy de priſe de corps, pour ne s'être point rendu à la premiere ſommation *pour être ouï*. Le Préſident écrivit ce détail à ſon beau-pere, & lui inſinua en même tems qu'il falloit ſaiſir cette occaſion pour éloigner ſon fils de l'objet de ſon extravagante paſſion. Le vieux Valcy, animé par ſon gendre, ne ſe rendit que trop à ſes inſinuations : il ne conſidéra point que ce malheureux procès alloit perdre ſon fils, qui ſeroit obligé de quitter la France, s'il ne vouloit être renfermé pendant vingt ans dans une étroite priſon.

La Préſidente, qui connoiſſoit le caractère emporté de ſon mari, appréhendant tout pour ſon frere, veilloit à ce qui ſe paſſoit touchant les ſuites de cette malheureuſe querelle : elle fut avertie aſſez-tôt pour envoyer en toute diligence un billet à ſon frere qui contenoit ce peu de mots.

» Le Préſident vient d'obtenir un » decret contre vous : tenez vous ca- » ché, ou fuiez, ſi vous pouvez, une » perſécution qui ne peut finir que par » votre ruine. Je ſuis moi-même dans » d'étranges criſes ; adieu ! mon frere ; » aimez-moi autant que je vous aime : » nous ſommes bien à plaindre tous » deux. »

Ce billet fut un coup de foudre pour le malheureux Valcy : il venoit de prendre des meſures pour être marié : il croioit toucher au moment le plus heureux de ſa vie, & il ſe voyoit éloigné plus que jamais de la félicité : il demeura immobile de ſurpriſe & de douleur, & paſſant dans la chambre de ſon ami, ſans avoir la force de lui dire un mot, il lui donna la lettre qu'il venoit de recevoir. Voilà un fâcheux contretems, lui dit cet ami, après avoir lu ; mais il n'y a point à balancer : il faut ſonger à votre ſûreté & vous éloigner de Paris ; puis ouvrant un tiroir ; voilà tout mon argent, dit-il, partageons : je tâcherai en votre abſence de faire entendre raiſon à votre pere, & de l'engager à ne vous pas laiſſer manquer. Et ma femme, s'écria Monſieur de Valcy, douloureuſement, que deviendra-t-elle ? Elle ne l'eſt pas encore, reprit ſon ami ; elle trouvera dans les affaires qu'elle a à démeler avec votre pere, dequoi la mettre à l'abri des inconvéniens que vous craignez ; ſi elle vous aime, elle conſentira volontiers à vous joindre en Eſpagne, où je vous conſeille d'aller : la guerre vous fournira des occaſions de réparer les pertes que vous faites, en quittant votre patrie : encore une fois, ſongez à votre ſûreté.

Monſieur de Valcy n'avoit rien entendu des derniers mots de ſon ami. Plongé dans une profonde rêverie, il ſembloit oublier que tous les momens qu'il perdoit en réfléxions pouvoient être employés à s'éloigner de Paris. Son ami le tira de cette léthargie, & lui remettant cent louis, qu'il avoit mis dans une bourſe, il le preſſa de ſonger ſérieuſement à ſon départ.

Monſieur de Valcy, revenu à lui par ce diſcours, embraſſa ſon ami, le remercia, & lui dit qu'il ſuivroit ſes conſeils; qu'auſſitôt qu'il auroit vu Mademoiſelle de Terville, & pris des meſures avec elle pour en recevoir des nouvelles, il partiroit, & tourneroit ſa marche du côté de l'Eſpagne. Il ne doutoit pas qu'étant la cauſe de tous ſes malheurs, elle ne voulut les réparer: encore une fois, il ſe croioit aimé: peut-être Mademoiſelle de Terville le croyoit-elle auſſi En vain ſon ami voulut le détourner de reſter encore un jour à Paris, & lui repréſenta les dangers qu'il couroit : rien ne put l'empêcher d'aller voir une perſonne dont il ne pouvoit s'éloigner qu'avec un violent déſeſpoir. Tout ce qu'il put gagner ſur lui, ce fut de ne point ſortir à pied, & d'attendre qu'on lui eût amené un Caroſſe de louage, dans lequel il s'enferma, ordonnant au Coche d'aller grand train.

En entrant chez Mademoiſelle de Terville, il lui donna le billet de ſa ſœur. Voyez, lui dit-il, & liſez. Quoi! s'écria-t-elle! fondant en larmes, je ſerai donc toujours la cauſe de vos malheurs! Moi qui donnerois ma vie pour vous épargner le moindre déplaiſir. Ah! je ſuis trop dédommagée par ce que vous faites, répliqua-t-il. Si vous m'aimez? Si vous venez partager mon éxil ..... Mais .... quoi! ... reprit Mademoiſelle de Terville, interdite : voulez-vous que je fuie avec vous ſans être unie par des nœuds qui faſſent au moins excuſer cette démarche... qui la rendent indiſpenſable. Je ne veux rien, Mademoiſelle, répliqua Monſieur de Valcy, d'un air conſterné, que ce que votre cœur & votre vertu vous conſeilleront. Je ne vous propoſe pas de partir avec moi, ni d'expoſer votre réputation par des démarches équivoques : je vous demande votre foi, & votre parole, qu'auſſitôt que je pourrai vous épouſer, & vous recevoir avec bienſéance, vous viendrez me faire oublier, dans l'union que je formerai avec vous, tous les maux que je viens d'eſſuyer & ceux que votre abſence va me cauſer. Comme votre demande, lui dit-elle, eſt raiſonnable ; qu'elle s'accorde avec mon inclination & mon devoir, je vous promets de conſulter mon oncle, qui, je ſuis perſuadée, conſentira de bon cœur à mon mariage, & même me ſervira de guide pour me conduire où vous ſerez. Le tendre Valcy ſe trouvoit trop heureux de ces aſſurances ; il lui jura mille fois une conſtance éternelle, & lui ayant fait voir la néceſſité de s'éloigner promptement de Paris, il la quitta avec les tranſports & les regrets les plus vifs. Mademoiſelle de Terville lui montra par des larmes ſincères combien elle étoit pénétrée de douleur, de leur ſéparation.

Il avoit gliſſé dans la corbeille où elle mettoit ſon ouvrage, cinquante louis, qu'elle trouva lorſqu'il ne fut plus tems de courir après lui. Dans les circonſtances préſentes, cette ſomme la tiroit de grands embarras : elle crut, ſans bleſſer ſa délicateſſe, en pouvoir faire uſage, ſurtout après les engagements qu'elle venoit de prendre avec lui, & admira la tendreſſe, & la généroſité d'un amant à qui elle étoit toujours préſente, & qui auroit pu, dans les occurrences où il ſe trouvoit, oublier qu'elle pouvoit manquer des ſecours les plus urgens. Lui-même étoit dans le cas d'en avoir besoin; mais il aimoit moins pour lui que pour son objet ; l'intérêt personnel, est tout pour le commun des hommes ; mais n'est pas le premier pour les belles âmes.

Il lui avoit promis de lui écrire sitôt qu'il seroit en sûreté. En effet dix jours après elle en reçut une lettre : les assurances qu'il lui donnoit de sa tendresse & de sa constance, la rassurerent entiérement, & la mirent dans une situation d'esprit assez tranquille : l'absence est un tourment pour les personnes affectées d'une passion violente ; mais l'amitié n'éprouve rien d'aussi vif ; l'imagination ne lui peint les objets qu'à demi, au lieu qu'elle les représente fortement, quand l'amour prend soin de les choisir.

Mademoiselle de Terville crut pouvoir se servir de la somme que Monsieur de Valcy lui avoit laissée ; elle en employa environ la moitié à payer ſes dettes. Il lui reſtoit environ cinq cents livres, qu'elle avoit ſerrées dans une petite caſſette : la ſervante de Madame Didier le ſçavoit. Elle avoit un galant qui lui conſeilla de voler cette ſomme, avec laquelle il devoit l'épouſer. Cette malheureuſe, entraînée par ſon penchant, prit le moment que Mademoiſelle de Terville étoit ſortie, força la caſſette, y prit l'argent, & diſparut. A ſon retour, Mademoiſelle de Terville ſe trouvant volée, & ſentant les fâcheux inconvéniens où elle alloit tomber, faute de cet argent, ſe chagrina beaucoup, en avertit Madame Didier, qui, moins modérée qu'elle, voulut en porter ſa plainte, & faire arrêter cette fille. Non, Madame, dit Mademoiſelle de Terville, je ſuis fâchée de ce vol; mais je ne voudrois pas, pour tout ce que je dois poſſéder un jour, contribuer à la perte de perſonne; tachez de trouver cette fille, & de l'intimider, c'eſt tout ce que je consens qu'il lui soit fait. Madame Didier admira l'humanité de Mademoiselle de Terville, & fit toutes les perquisitions imaginables, pour découvrir les traces de cette malheureuse : elle apprit enfin que le coquin qui l'avoit entrainée dans cette coupable action, l'avoit volée & abandonnée ; & qu'elle étoit réduite à demander son pain : ainsi Mademoiselle de Terville fut privée de l'unique ressource qui lui restoit.

Pour comble de chagrin, son oncle étoit en Italie avec son éleve : il lui avoit mandé qu'il ne comptoit pas repasser en France avant six mois ; qu'il lui feroit tenir à la premiere commodité, une lettre de change proportionnée à ses moyens. Il ignoroit ses dernieres aventures, & les malheurs de Monsieur de Valcy. Se persuadant qu'elle étoit toujours avec Madame de Vaury, & qu'à son retour il auroit la satisfaction de la marier avec un homme auquel elle étoit attachée par inclination & par reconnoiſſance, & dont la fortune lui paroiſſoit au-delà de ce qu'elle devoit jamais eſpérer, il étoit tranquille, & loin de prévoir la triſte ſituation où elle étoit réduitte.

Madame de Terville vivoit à Prémur avec ſon Sécretaire & ſon Peintre, ne ſongeant ſeulement pas qu'elle avoit une fille à Paris, jeune, belle & malheureuſe, expoſée à tous les dangers de l'infortune. A peine lui faiſoit-elle toucher la très modique ſomme qu'elle s'étoit engagée à lui payer. Mademoiſelle de la Vaur étoit mariée, & envoioit exactement à Mademoiſelle de Terville, ce que ſon amitié pour elle lui avoit impoſé. Ces ſecours auroient pu lui faire attendre des tems plus heureux, ſi elle n'avoit pas été volée, & ſi dans ſa maladie elle eût pu œconomiſer; mais ces reſſources ne ſuffirent pas. Il fallut ſonger ſérieuſement aux moyens de vivre, en attendant qu'elle pût paſſer en Eſpagne, pour époufer Monfieur de Valcy : car elle ne fongeoit plus d'attaquer le vieux Financier en Juftice ; elle attendoit Madame de Vaury, pour la diriger dans cette délicate & dangereufe affaire.

Elle avoit pris pour Confeffeur le Cordelier, avec lequel elle avoit lié connoiffance dans le Carpoffe de voiture, en venant de Prémur, à Paris.

Ce Religieux étoit homme de bien, mais Moine, & par conféquent peu propre à conduire une jeune perfonne de la figure de Mademoifelle de Terville, dans des fentiers qui, quoiqu'honnêtes, ne s'accordent pas toujours avec la religion : par exemple, il lui montroit la démarche de joindre fon amant dans les pays étrangers, comme très équivoque, & lui confeilloit le contraire : Mademoifelle de Terville n'étant point décidée par fon penchant, goûtoit affez les raifons du Cordelier : il ne lui difoit pas qu'une fille libre de ſes actions, & dont la parole eſt engagée, ne peut rompre ſes engagements; que la confiance, l'honneur, la reconnoiſſance la lioient indiſpenſablement à Monſieur de Valcy. Au lieu de la conſoler & de la déterminer d'attendre l'événement avec tranquillité, il ne trouvoit que des raiſons fâcheuſes, & capables de la jetter dans le découragement, ſituation pire qu'un malheur aſſuré. Si les eſprits ſupérieurs ſont rares, il en eſt encore moins de conſolans.

Malgré les inſinuations du Cordelier, Mademoiſelle de Terville reſta ferme dans la réſolution, auſſitôt que ſon oncle feroit de retour, de joindre Monſieur de Valcy en Eſpagne. Elle avoit depuis peu reçu de ſes nouvelles: il lui marquoit qu'il avoit obtenu de l'emploi dans l'armée Eſpagnole, & qu'il eſperoit s'avancer en peu de tems; qu'on étoit d'autant plus ſûr de ſa fidélité, que toute l'armée étoit inſtruite des raiſons qu'il avoit eues de ſortir de France ; que ſon pere s'étoit engagé à lui fournir une penſion honnête, & qu'il ne manquoit plus à ſa ſatisfaction, que la certitude de la voir bientôt.

Mademoiſelle de Terville attendoit avec impatience le retour de Madame de Vaury : elle lá regardoit depuis longtems comme une tendre amie, dont la raiſon & le bon ſens étoient capables de réſoudre les grandes difficultés, dont ſon eſprit étoit ſouvent embaraſſé. Cette Dame lui avoit écrit que ſon fils ſe portoit mieux : mais ſa convaleſcence fut ſi longue, qu'elle demeura à Metz plus de ſix mois, pendant leſquels elle arranga des affaires de famille. Mademoiſelle de Terville, craignant d'être à charge à Madame Didier, prit une réſolution que le Cordelier lui conſeilloit depuis longtems. Il étoit Directeur de pluſieurs Dames d'un rang diſtingué ; & il ſe mit en tête de plaçer Mademoiſelle de Terville auprès de quelqu'une d'elles. Il lui en parla avec tant de chaleur, lui fit voir tant d'avantages dans cet état, & tant d'inconvéniens ſi elle reſtoit dans celui où elle étoit, qu'elle ſe détermina à ſuivre ſes conſeils, & à ſe livrer à ſa conduite. Cependant elle ne voulut rien promettre qu'elle n'eût auparavant conſulté Madame de Vaury, qui, ne voyant aucune reſſource pour elle, lui fit réponſe qu'elle ne pouvoit mieux faire que de s'attacher à une Dame dont les bienfaits la dédommageaſſent des peines qu'elle avoit ſouffertes, & qui la protégeat contre le pere de Monſieur de Valcy, qui l'accuſoit du malheur de ſon fils, & en conſéquence refuſoit de lui donner les dommages & intérêts que le Miniſtre avoit ordonnés.

Cette lettre détermina abſolument Mademoiſelle de Terville. Elle dit au Religieux qu'il pouvoit agir comme il le jugeroit à propos : mais, mon pere, lui demanda-t-elle, en quelle qualité ferai-je auprès de cette Dame ? Il n'y a pas dans ces maisons deux sortes de places, répliqua-t-il d'un air surpris : sans avoir le nom de femme de chambre, sans en faire les fonctions, ce sera cependant une espèce de servitude, puisque vous serez aux gages de cette Dame ; il faut vous attendre à cela, ma chere enfant.

La vanité de Mademoiselle de Terville, souffrit beaucoup dans le moment. Quoi ! s'écria-t-elle, dans l'amertume de son âme, quelle malheureuse situation est la mienne ! Si j'etois née d'une autre mere, je jouirois d'une fortune honnête, de la tendresse de mes proches, des avantages de ma naissance : faut-il que, née au-dessus de beaucoup d'autres, je me trouve au-dessous de tout le monde par mon état ? Quittez, quittez, ma fille, ces pensées vaines qui font honte à votre esprit : c'est le vice seul qui avilit, & non

l'état.

l'état. Songez que la vanité eſt la meſure de la petiteſſe de l'ame : c'eſt dans la conduite & dans les actions qu'il faut marquer de l'élévation de ſentiment ; la Providence veut qu'on ſe ſoumette à la néceſſité. Qu'eſt-ce après tout qui vous allarme ? Et pourquoi vous attriſter d'un évenement qui peut vous conduire à la fortune par des moyens impénétrables ? dites-moi franchement voudriez-vous être à la place de votre mere ? A Dieu ne plaiſe ! mon pere, reprit Mademoiſelle de Terville. Hé bien ! continua le Religieux, il faut donc prendre courageuſement le parti que je vous propoſe, qui eſt le ſeul qui peut vous conduire à quelque choſe. Quand vous vous abandonnerez à votre chagrin, cela ne ſervira à rien ; la douleur ne fait rien imaginer d'heureux : peut-être un jour bénirez-vous le Ciel de ce qui fait aujourd'hui votre appréhenſion. Il me reſte un conſeil à vous donner : ſongez à plaire par vos vertus,

& les agrémens de votre perſonne, & jamais par d'indignes complaiſances. Si je vous blâme de votre vanité, je ſuis bien loin de vous conſeiller des baſſeſſes; mais je vous exhorte en même tems à ſouffrir avec patience les défauts de votre prochain, & à moderer cette fierté qui vous feroit paſſer de facheux momens. Car d'où peuvent naître ces hauteurs? Et qu'eſt-ce qu'une pauvre fille de condition dans le monde? un être d'autant plus malheureux qu'on l'a nourri dans l'orgueil & dans la pareſſe. Le Royaume eſt plein de vos ſemblables, dont la plupart ſe trouveroient heureuſes d'avoir les occaſions que je vous offre, & qui font le ſujet de vos inquiétudes. Ha! ſi ma mere, continua Mademoiſelle de Terville en ſoupirant, avoit ſuivi les conſeils qu'on lui donnoit de me mettre à Saint-Cyr, je n'aurois pas eſſuyé tant d'infortunes! Elle eût bien fait ſans doute, reprit le Religieux; mais toutes les filles de condition ne peuvent pas y être admises. D'ailleurs l'éducation qu'on y reçoit pouroit être meilleure : les filles qui dirigent cette maison, étant elles-mêmes des filles de qualité qui n'ont pas vu le monde, elles ont cru qu'elles n'avoient rien de mieux à faire que d'inspirer beaucoup d'orgueil à leurs éleves, & de mépris pour toutes les femmes qui ne sont pas nobles : elles en sortent avec cet esprit, & une ignorance profonde sur les devoirs de la société, ayant perdu cinq ou six ans de leur jeunesse à apprendre qu'une fille de condition doit regarder les autres au-dessous d'elle, & ayant peut-être manqué les occasions de s'établir dans leurs Provinces. Ce que je vous dis, mon enfant, n'est pas pour vous donner une mauvaise idée de cette institution, qui fait autant d'honneur à sa fondatrice, qu'elle est glorieuse à la nation; mais je vous instruis des abus qui s'y glissent, afin que vous n'ayez plus de regrets de n'être pas entrée dans cette maison.

Je ne vous promets pas, mon pere; continua Mademoiselle de Terville, de renonçer à Monsieur de Varcy : je ne le puis, ni ne le dois. En cela, répliqua le Religieux, vous agirez comme votre penchant & votre conscience vous l'ordonneront, ce ne sont pas mes affaires: mais je doute que votre mariage ait jamais lieu : il me paroît au moins si éloigné, qu'il arrivera peut-être des évenements qui vous feront penser différemment. Il est tard, venez me prendre demain à trois heures : je vous conduirai chez la Dame a qui j'ai parlé de vous : c'est la Duchesse de Saint-Pere: ne l'oubliez pas.

Mademoiselle de Terville ne tint point parole à son Directeur, par rapport à sa soumission à la Providence; elle pleura toute la nuit le malheur de sa situation. Le lendemain elle se trouva à l'heure marquée à la porte des Cordeliers, dans une voiture qu'elle avoit prise. Le bon Religieux y monta avec elle, & se rendit chez la Duchesse de Saint-Pere : il étoit un peu inquiet de paroître avec une jeune & jolie personne ; la modestie & la simplicité de son ajustement le rassurerent. Et ils arriverent en faisant cette réfléxion à l'Hôtel de * * *. Le suisse qui étoit prevenu, ne fit aucune difficulté de les laisser entrer, & quoiqu'on fût encore à table, on les introduisit dans un sallon qui donnoit sur un fort beau jardin.

Pour la premiere fois Mademoiselle de Terville se trouvoit dans une maison ornée : les remarques qu'elle fit, l'empêcherent de songer au personnage qu'elle alloit jouer : elle demeura une heure avec le Religieux, qui la fortifioit contre sa timidité & son inquiétude. La compagnie parut enfin : le Religieux s'avança, & présenta Mademoiſelle de Terville à la Ducheſſe, comme une Demoiſelle de condition, que des malheurs de famille mettoient dans la néceſſité de chercher de l'appui ; elle a beſoin, ajouta-t-il, d'une Protectrice de votre dignité, Madame: j'eſpere que vous voudrez bien l'honorer de vos bontés & qu'elle les méritera. Mademoiſelle de Terville pendant ce diſcours marqua beaucoup plus d'aſſurance qu'on n'en devoit attendre d'une fille de province, qui paroiſſoit pour la premiere fois devant des gens capables de la déconcerter par leurs regards curieux, & faits pour en impoſer par leur extérieur à une perſonne ſans uſage du monde & ſans expérience.

La Ducheſſe fit un accueil très gratieux à Mademoiſelle de Terville, lui dit de s'aſſeoir à côté d'elle, & lui fit par degrés pluſieurs queſtions. A meſure qu'elle voyoit la portée de ſon eſprit, elle proportionnoit ce qu'elle lui diſoit:

le pere Prieur , continua-t-elle , m'a beaucoup dit de bien de vous , & je vois qu'il ne m'en a pas dit aſſez : je lui ai demandé une Demoiſelle vertueuſe & douce , pour mettre auprès de ma fille , qui eſt au Couvent. Ce n'eſt donc pas auprès de vous , Madame , que je dois reſter , demanda Mademoiſelle de Terville d'un ton ému ? Et baiſſant les yeux, elle marqua par ſon ſilence combien elle en étoit fâchée ; ha ! reprit la Ducheſſe, vous ſerez bien mieux auprès de ma fille, qui eſt de votre âge, & qui ſera ſans doute charmée de vous avoir. Ha ! Madame , répliqua vivement Mademoiſelle de Terville , je crois Mademoiſelle votre fille bien aimable ; mais j'aimerois bien mieux reſter auprès de vous. La Ducheſſe, touchée de cette réponſe, baiſa Mademoiſelle de Terville au front , & lui promit qu'elle feroit en ſorte de la rendre contente de ſon état, & continuant : mais vous nous quitterez, car le Revérend m'a dit que vous aviez penſé vous marier, & je ſçais vos chagrins à ce ſujet; Mademoiſelle de Terville ſoupira, & répondit qu'elle voyoit ſes eſpérances ſi éloignées, qu'elle ne vouloit s'occuper d'orénavant que du ſoin de lui être agréable.

Tout ſembloit prendre un tour favorable pour Mademoiſelle de Terville. Le Religieux la laiſſa chez la Ducheſſe, qui la renvoya le ſoir dans ſon Carroſſe avec une de ſes femmes. Le lendemain elle l'envoya chercher de même avec ſes paquets, & elle reſta pendant quelques jours avec la Ducheſſe, qui la combla de careſſes. Cette Dame, dont le mérite étoit de beaucoup ſupérieur à ſon rang, ſentit qu'une jeune perſonne de la figure de Mademoiſelle de Terville, étoit trop expoſée dans ſa maiſon, à la ſéduction de beaucoup d'hommes, qui, avec tout le reſpect qu'ils lui devoient, auroient cherché à mettre dans le chemin du vice une Demoiſelle attachée à ſa perſonne ; cette réfléxion la détermina à la mener au plutôt au Couvent de ſa fille, & à la laiſſer avec elle.

Avant que d'entrer dans les détails qui regardent Mademoiſelle de Saint-Pere, il faut donner un portrait de la Ducheſſe, & faire quelque deſcription de ſa maiſon. La Ducheſſe de Saint-Pere avoit environ cinquante ans : elle avoit été fort belle, & il lui reſtoit des graces que l'âge ne ſauroit détruire, parce que ces avantages viennent d'une longue habitude du grand monde. Elle avoit eu quelques tendres foibleſſes à ſe reprocher, qui n'avoient pas été aſſez conſtantes pour la faire perſiſter dans les mêmes goûts : trop ſenſible cependant pour reſter ſans amour, elle s'attacha à Dieu comme à ſes amans ; c'eſt-à-dire, avec toute la ſincérité, la vivacité dont elle étoit capable. Son eſprit ſe reſſentoit de la tendresse de son ame : il étoit délicat, insinuant, juste & rempli d'agrément. Elle étoit encore plus recommandable par son caractère : la bonté & l'humanité étoient ses vertus distinctives ; toutes ses actions partoient de ces deux sources, & la rendoient la femme la plus estimable de son tems.

L'amour de Dieu laisse des vuides dans l'ame, on ne peut pas toujours monter son imagination vers la spiritualité : les sens qui la guident d'ordinaire, ne sont pas satisfaits de jouir toujours en idée de leur objet. La Duchesse avoit éprouvé ces tems d'ennui & de tiédeur, pour lesquels elle n'étoit pas faite ; les exercices de piété prenoient bien une partie de la journée, mais ils ne suffisoient pas à l'activité de ses desirs. Elle songea donc à se former un plan de vie, & des amusemens capables de remplir les intervalles que lui laissoient ses dévotions. Une table délicate, où elle invitoit des gens d'esprit & de mérite, un appartement où tout respiroit la volupté, donnant sur un parterre rempli de fleurs, des lectures agréables, des sociétés d'amitié, formoient ce qu'elle appelloit ses *récréations*. Quoiqu'elle ne semblât point être attachée à tous ces objets, on s'apercevoit aisément qu'ils étoient tous essentiels à son bonheur. Son petit appartement de retraite étoit composé de deux pièces, dont l'une étoit son oratoire, séjour du repos, de l'oraison & du silence. Elle n'admettoit pour l'ordinaire dans ces cabinets que des gens favorisés de Dieu & d'elle : un prie-Dieu garni de carreaux étoit vis-à-vis d'une Bibliotheque magnifique, dont les livres choisis annonçoient l'esprit & le goût de la propriétaire.

La Duchesse étoit veuve depuis huit ans, n'ayant qu'une fille, dont la garde lui avoit été confiée : ses revenus étoient considérables : une partie destinée à faire beaucoup de bien aux pauvres.

étoit confiée au Curé, pour en faire une diſtribution convenable : mais les actions généreuſes qui étoient les plus agréables à la Ducheſſe, étoient de pouvoir ſoulager les malheureux que la honte retenoit dans l'indigence, ſans affecter de courir les quatriémes étages, & d'aller reſpirer dans les Hôpitaux un air empoiſonné. Elle payoit des gens de bien, pour lui indiquer les moyens de donner, ſans qu'on ſçût de quelle main venoient les bienfaits ; moyens dont la grandeur a peu d'éxemples.

Avec une façon de penſer & d'agir ſi extraordinaire, elle devoit être bien ſatisfaite de l'occaſion qu'on lui préſentoit dans Mademoiſelle de Terville. Il y a bien du plaiſir à arracher des malheureux à l'indigence ; mais c'eſt un ſentiment délicieux de ſauver des piéges du vice une aimable fille, une ame honnête, une charmante créature dont la ſéduction a juré la perte. La Ducheſſe connoiſſoit trop bien le monde pour y être trompée. L'éloge que le Cordelier avoit fait de la vertu de Mademoiſelle de Terville, fut un puiſſant motif pour en prendre un ſoin particulier : le Couvent étoit un aſyle honnête, qui la mettoit à l'abri de toutes tentatives odieuſes ; & ſon extérieur, modeſte & ſimple, pouvoit être d'un très-bon exemple pour ſa fille : ainſi elle réſolut de l'y mener ſix jours après. Ce tems fut emploié à lui donner toutes les choſes néceſſaires en linge, robes, &c.

Mademoiſelle de Terville avoit ſerré ſes bijoux, conſiſtant dans ſes boucles d'oreilles & quelques autres effets que Monſieur de Valcy lui avoit donnés. Ce fut par le conſeil du Cordelier, qu'elle prit cette précaution, qu'elle eût du obſerver plutôt, puiſqu'une trop grande parure l'avoit expoſée à des ſoupçons injurieux, & à des procédés encore plus humilians de la part du vieux Valcy.

Toutes les préparations qui lui annonçoient ſon entrée au Couvent, ne la chagrinoient que parce qu'elle devoit quitter la Ducheſſe à laquelle elle commençoit à s'attacher : mais il falloit obéir, & elle la ſuivit le ſeptiéme jour à l'Abbaïe de Panthemont où étoit ſa fille, à qui elle la préſenta comme une compagne, lui recommandant d'avoir pour elle beaucoup d'égards. ensuite paſſant au parloir de l'Abbeſſe, elle avertit cette Dame qu'elle mettoit auprès de ſa fille une Demoiſelle de condition, pour lui ſervir de compagnie, la priant de la regarder comme une de ſes penſionaires, qu'elle lui recommandoit particulierement. Cette précaution ne fut pas inutile, comme on le verra dans la ſuite. L'on voit par les ménagemens que gardoit la Ducheſſe, que cette Dame étoit autant recommandable par ſon eſprit que par ſa tendre humanité. Elle ſentoit bien que les égards qu'on auroit pour Mademoiſelle de Terville, feroient proportionnés à ceux qu'elle paroitroit avoir elle-même.

Mademoifelle de Terville fera déformais nommé de Vaury, parce qu'elle prit ce nom en entrant chez la Ducheffe : c'étoit encore une convention entre elle & le Cordelier, qui, fachant jufqu'aux plus petits détails de la vie de Madame de Terville, craignit de nuire à fa fille, fi elle étoit connue fous fon véritable nom. Il aida lui-même à toutes les erreurs que cette fuppofition occafionna.

Mademoifelle de Saint-Pere fut très-furprife de l'arrivée de Mademoifelle de Vaury ; elle la reçut affez froidement, en faifant un reproche à la Ducheffe de ce qu'elle ne l'avoit pas prevenue ; & regardant enfuite Mademoifelle de Vaury, elle lui fit un compliment poli, mais férieux, qui fit conjecturer à fa mere qu'elle n'étoit pas fatisfaite de la fociété qu'elle lui procuroit. Comme elle avoit connu, dans le peu de jours que Mademoiſelle de Vaury avoit paſſés chez-elle, qu'elle étoit douce & complaiſante, elle eſpéra que ſa fille ne tarderoit pas à l'aimer. Elle ſe retira fort contente d'avoir placé cette jeune & aimable fille, d'une façon conforme à l'opinion qu'elle en avoit conçue & à ſon propre goût.

Mademoiſelle de Vaury va commencer une nouvelle carriere : quoi qu'elle eût paſſé pluſieurs années au Couvent, elle n'étoit point au fait de la plûpart de ceux de Paris, qui ne reſſemblent en rien à ceux de la Province. Il n'y avoit à Panthemont que des filles de qualité, ou de riches Financieres, qui ſe mépriſoient également. Les unes regardoient les autres fort au-deſſous d'elles ; & les filles de partiſans, qui étoient beaucoup plus à leur aiſe, ſe prevaloient de la dépenſe qu'elles pouvoient faire, & ſe moquoient entre elles de la diſette des filles de qualité. Mademoiſelle de Vaury ſe trouvant au milieu du troupeau comme une brebis étrangere, la conduite de Mademoiſelle de Saint-Pere alloit décider de la maniere dont les autres devoient la traiter. On crut, (& Mademoiſelle de Saint-Pere aida à cette prevention,) que Mademoiſelle de Vaury étoit auprès d'elle ſur le pied d'une femme de chambre, pour laquelle on avoit des égards : on juge que, fieres & hautes comme étoient les penſionnaires, Mademoiſelle de Vaury devoit s'attendre à beaucoup d'humiliations. Mais elle ne tarda pas à ſe venger par ſon mérite du tort que l'on vouloit lui faire.

Mademoiſelle de Saint-Pere n'étoit pas jolie, ayant tous les défauts des femmes grandes & maigres, c'eſt-à-dire, les jambes fort longues, les bras hideux, ſans graces & ſans maintien; les maîtres n'avoient jamais pu lui plaçer la tête droite, ni donner d'agrément à ſon viſage, qui n'auroit point été mal, s'y elle eût eu de l'embonpoint, ayant les traits aſſez réguliers, le teint paſſable, une blancheur fade, qui n'anonçoit ni ſanté ni vivacité: voilà Mademoiſelle de Saint-Pere, quant à l'extérieur: elle avoit peu d'eſprit, mais beaucoup de malignité, d'envie & de hauteur. Sa mere ne connoiſſoit qu'une partie de ſes défauts, n'ayant pas eu le courage de l'élever auprès d'elle: ainſi Mademoiſelle de Saint-Pere, livrée entre les mains de ſes femmes, dès ſa tendre jeuneſſe, reçut une miſérable éducation, à l'exception de pluſieurs maîtres, qui venoient régulierement pour lui montrer ce qu'elle n'apprenoit pas. Elle étoit auſſi bornée qu'on l'eſt d'ordinaire, quand, avec peu d'eſprit, on n'eſt point aidée de celui des autres. Une grande naiſſance & une fortune conſidérable, l'avoient rendue un des plus grands partis de la Cour. Fiere de ces avantages, elle ne vit pas ſans dédain une fille de condition, dépendante des bienfaits de ſa mere : mais cette fille qu'elle voyoit avec dédain, contre-balançoit par ſes charmes tout ce qu'elle poſſédoit du côté des richeſſes. Enfin Mademoiſelle de Saint-Pere tenoit ſes avantages d'un haſard heureux : & Mademoiſelle de Vaury les tenoit tous de la nature.

Mademoiſelle de Saint-Pere ne tarda pas à faire ſentir ſa ſupériorité à ſa triſte compagne, qui avoit d'abord compris qu'elle s'étoit encore trompée, quand elle s'étoit flattée du bonheur dont elle croyoit jouir. Le premier jour Mademoiſelle de Saint-Pere lui avoit fait des queſtions, qui ne lui laiſſoient aucun doute qu'elle ne la regardât comme une fille à ſes gages. Elle lui demanda ce qu'elle ſçavoit faire ? Sur ſes réponſes elle répliqua ; je vois bien que vous êtes aſſez neuve ! mon Dieu, ajouta-t-elle, en hauſſant les épaules, ne ſçavoir pas ſeulement le point de France ! c'eſt ne ſçavoir rien.

Pardonnez-moi, Mademoiſelle, reprit Mademoiſelle de Vaury, je ſçais penſer, & me conformer à la volonté des perſonnes dont je dépends; & pour peu que vous deſiriez que je travaille en tapiſſerie, l'envie que j'ai de vous plaire me mettra bientôt au fait de cette ſorte de travail. Tâchez, ſi vous pouvez, continua Mademoiſelle de Saint-Pere, car mes femmes ont leur ſervice auprès de moi; & pourvu que vous travailliez au meuble que je fais, & que vous ſçachiez lire, cela ſuffira. Je vous avertis que je ne puis m'endormir, ſi l'on ne lit auprès de mon lit: c'eſt une habitude que j'ai priſe. Ce ſera là principalement votre occupation ici. Je n'ai encore lû haut qu'au réfectoire, reprit Mademoiſelle de Vaury, en baiſſant les yeux: j'ai ſans doute contracté de mauvaiſes habitudes. Il faudra vous en corriger, répondit Mademoiſelle de Saint-Pere. J'attends, Mademoiſelle, de bons exemples de vous, continua

Mademoiselle de Vaury : je ne pourrai jamais mieux faire que de les suivre. Mademoiselle de Saint-Pere fit un sourire forcé, & continua de lui faire des questions sur le Couvent où elle avoit demeuré, sur la façon dont on y vivoit. Mademoiselle de Vaury satisfit à tout, & crut qu'avec de la douceur & de la complaisance elle parviendroit à se faire souffrir, au moins avec des égards : elle se confirma d'autant mieux dans cette pensée, qu'elle vit que Mademoiselle de Saint-Pere vivoit familierement avec ses domestiques. Elle ne sçavoit pas que la plupart des femmes, même du plus haut rang, prodiguent leurs caresses à des créatures souvent méprisables, & qu'elles croiroient s'humilier, si elles traitoient avec distinction des personnes honnêtes, que leur misère honore.

Mademoiselle de Saint-Pere avoit un appartement separé des autres ; & quoiqu'elle payât une forte pension pour elle & trois femmes qui la servoient; elle vivoit en son particulier, & ne mangeoit jamais au réfectoire: la gouvernante qui l'avoit élevée, avoit pris un empire absolu sur son esprit, en la louant du matin au soir: cette femme fine, adroite, grossiere & avare, avoit été sa nourrice, & quoiqu'elle ne fût point du goût de la Duchesse, par une condescendance assez ordinaire & très-dangereuse, elle l'avoit laissée auprès de sa fille en qualité de gouvernante, c'est-à-dire, qu'elle étoit la maitresse dans la maison, qu'elle recevoit ou chassoit à son gré les autres domestiques. Elle ne vit pas sans inquiétude Mademoiselle de Vaury: elle se crut ruinée, & fit en conséquence tout ce qui fut en son pouvoir pour augmenter l'antipathie que Mademoiselle de Saint-Pere avoit déja pour elle. Une belle personne a toujours de grands torts avec les autres femmes, surtout quand elle réunit les plus grands avantages.

Ses vertus ſont ordinairement le triomphe de ſes charmes, mais la ſource de mille chagrins ; il ſemble en général qu'une femme aimable n'inſpire de grandes paſſions que pour en être la victime. Expoſée à l'envie de ſon ſexe, à la perſécution des hommes, aux calomnies, quelquefois à la jalouſie d'un époux, ſouvent à l'inconſtance des objets qui lui ſont les plus chers, elle paſſe ſa vie adorée des uns & crainte des autres ; voilà aſſez ordinairement le ſort des belles perſonnes dont les mœurs ſont irréprochables. Heureuſes les femmes dont la figure n'eſt pas aſſez jolie, pour être ſéduiſante ; & point aſſez laide pour rebuter : qui joignent à du bon ſens, un caractère fléxible qui puiſſe ſe ployer à toutes les circonſtances !

Mademoiſelle de Saint-Pere avoit une femme de chambre, qui étoit l'ennemie de la gouvernante, quoiqu'elle fit tout ſon poſſible pour lui être agréable, juſqu'a ſe prêter aux ſervices les plus ridicules. Ayant de l'eſprit, elle comprit que Mademoiſelle de Vaury alloit devenir le fléau de cette maiſon. Elle ſe prit de goût pour elle. Bientôt ce goût ſe fortifia par les manieres inſinuantes de Mademoiſelle de Vaury, & cette fille s'attacha ſincérement à elle. Ce fut un très grand bonheur, par les avis qu'elle étoit en état de lui donner, & par les ſervices qu'elle lui rendit dans la ſuite. Elle commença par l'inſtruire du caractère de Mademoiſelle de Saint-Pere, & de l'humeur de ſa gouvernante; elle s'étoit inſinuée dans la confiance de ſa maitreſſe par une complaiſance aveugle pour toutes ſes volontés, & contre-balançoit quelquefois le crédit de la gouvernante. Mademoiſelle de Vaury ne tarda pas à être témoin de ſcenes aſſez plaiſantes, qui adouciſſoient pour quelques inſtants l'amertume de ſes refléxions. Cécile [c'étoit le nom de la femme de chambre,]

bre,] n'attachoit pas à sa maitresse une épingle, un ruban, une fleur, un diamant, qu'elle ne s'écriât qu'elle étoit charmante ; & Mademoiselle de Saint-Pere n'étoit jamais si mal, que quand elle sortoit des mains de cette friponne. La gouvernante voyant l'effet que produisoient les flatteries de Cécile, murmuroit, & quand elle pouvoit trouver l'occasion de lui nuire, elle ne la manquoit pas. Cécile avoit aussi sa revanche, & ces deux femmes étoient presque toujours en guerre : quoique Cécile eût souvent l'avantage, la gouvernante seroit parvenue à la faire chasser, si Mademoiselle de Saint-Pere n'eût eu un foible singulier pour cette fille, qui, toujours alerte sur ce qui se passoit, sçavoit adroitement parer les coups que la gouvernante vouloit lui porter, soit en se raccommodant avec elle par de petits services, soit en augmentant de flatterie avec Mademoiselle de Saint-Pere. Il semble que ces détails soient des puérilités ; mais la ſuite fera voir qu'ils ſont éſſentiels à l'hiſtoire de Mademoiſelle de Terville.

Cécile continuant ſes bons offices, l'inſtruiſoit de tout ce qui ſe diſoit, afin qu'on ne ſe cachât pas devant elle : elle fit mine de lui être tout à fait contraire, & ne lui parloit que quand tout le monde étoit couché : cette conduite réuſſit. Mademoiſelle de Vaury prévenue ſe tenoit ſur ſes gardes, & ſe comportoit de façon à ne donner aucuns prétextes à Mademoiſelle de Saint-Pere, de la chagriner directement ; mais ſa poſition ne pouvoit être long-tems tranquille, & il ſurvint des événemens que toute ſa ſageſſe ne pouvoit ni prevoir ni parer.

Mademoiſelle de Saint-Pere lui défendit de venir au parloir avec elle, quand il lui viendroit des viſites : ſeulement elle la faiſoit appeller quand quelques marchands apportoient des étoffes. Cécile ne manquoit jamais de s'y trouver aussi, & conseilloit toujours à Mademoiselle de Saint-Pere de prendre des couleurs si bisarres que bientôt sa maitresse se lassoit de ses robes, & les lui donnoit. Un jour le marchand ayant dit poliment à Mademoiselle de Vaury qu'une telle étoffe lui sieroit bien, Mademoiselle de Saint-Pere répondit qu'elle n'en avoit que faire, & qu'elle lui donneroit la robe qu'elle portoit alors. Le marchand regarda d'un air interdit Mademoiselle de Vaury, qui toute confuse dit à Mademoiselle de Saint-Pere qu'elle lui étoit fort obligée ; que ses femmes auroient lieu d'être fâchées d'un présent qui ne lui appartenoit par aucuns titres : cette réponse fit rougir Mademoiselle de Saint-Pere, & ne la corrigea pas de l'envie qu'elle avoit de saisir toutes les occasions de la mortifier.

L'Abbesse avoit fait de si grands éloges de Mademoiselle de Vaury, que toute la Communauté venoit chez Mademoiſelle de Saint-Pere pour la voir. Chaque compliment qui lui étoit adreſſé, étoit un nouveau ſujet de chagrin pour elle dans le particulier, puiſqu'il augmentoit la mauvaiſe humeur de Mademoiſelle de Saint-Pere, qui enfin, laſſée de l'accueil obligeant qu'on lui faiſoit, lui ordonna de ne plus paroitre dans ſon appartement qu'elle ne la fît appeller. Mademoiſelle de Vaury profita de l'ordre pour n'y pas venir même quand on le lui diſoit. Cécile l'avertit que Mademoiſelle de Saint-Pere avoit inſinué que ſa mere l'avoit placée auprès d'elle comme une domeſtique à qui on devoit quelques égards pour ſa naiſſance: qu'elle la faiſoit manger avec elle, parce que ſa mere le lui avoit ordonné; mais qu'elle ne la gardoit que par complaiſance, l'ayant trouvée d'une humeur très-ſinguliere, fort haute, & répondant avec peu de reſpect aux remontrances qu'elle lui faiſoit. Bien loin de donner mauvaiſe opinion de Mademoiſelle de Vaury, les plaintes qu'elle en faiſoit, confirmerent le bien qu'on en penſoit ; & Mademoiſelle de Saint-Pere ne put, que dans l'intérieur de ſa maiſon, lui donner des ſujets d'humiliation ; par exemple, pour mettre une eſpéce d'égalité entre Mademoiſelle de Vaury & ſa gouvernante, elle fit manger cette derniere avec elle.

L'Abbeſſe, de la maiſon de Lorraine, jeune & aimable, vivoit à peu près comme une Chanoineſſe, aimoit les plaiſirs de ſociété, & ſans ſortir du Cloître, elle menoit une vie aſſez diſſipée, raſſemblant tous les amuſemens du monde. Mademoiſelle de Vaury lui plut, & elle la diſtingua, malgré les précautions de Mademoiſelle de Saint-Pere, pour l'éloigner & même la détruire dans l'eſprit de cette Princeſſe.

Pendant que les circonſtances s'arrangeoient pour réparer d'un côté ce que Mademoiſelle de Saint-Pere l'eſforçoit de faire d'un autre au préjudice de Mademoiselle de Vaury, son amie revint de Lorraine, & vola à son Couvent. Leur entrevue fut très-tendre, & jamais l'amitié n'avoit paru avec plus de témoignages d'affection. Mademoiselle de Vaury lui raconta tout ce qui lui étoit arrivé, jusqu'aux plus petits détails : les procédés de Mademoiselle de Saint-Pere ne furent point oubliés. Madame de Vaury loua sa jeune amie de sa modération, & en même tems l'exhorta à ne point souffrir les mortifications que Mademoiselle de Saint-Pere sembloit encore lui préparer. A présent que vous voilà de retour, lui dit-elle, il semble que je n'aie plus rien à craindre : car je suis résolue de retourner avec vous, si je n'éprouve pas plus de douceur de Mademoiselle de Saint-Pere; vous le voulez bien, demanda-t-elle tendrement, & en passant une de ses mains à travers la grille, dont elle serra celle de Madame de Vaury.

Assurément, répondit cette Dame : nous ne seront pas plus mal que nous avons été ; mais vous n'auriez pas tant d'occasions de vous faire connoitre ; ainsi, ma chere fille, patientez encore, & voyons ce qu'il en arrivera. Quand la Duchesse saura la conduite de sa fille avec vous, peut-être changera-t-elle de volonté, en vous retirant d'ici. Votre oncle arrivera, & bientôt vous pourrez vous déterminer à passer en Espagne pour acquitter la promesse que vous avez faite à Monsieur de Valcy ; ou en sont vos amours ? êtes vous toujours dans la même résolution ? J'y serai toute ma vie, reprit Mademoiselle de Vaury, quand il s'agira de tenir mes sermens ; cependant cette démarche me paroit fort éloignée, & je n'ai pas pour ce voyage un grand empressement : je reçois souvent des lettres de Monsieur de Valcy ; je lui réponds aussi souvent : ce commerce est doux ; mais il est tranquille : & j'attendrai sans impatience les circonſtances favorables à cet établiſſement. Madame de Vaury tourna la tête en ſouriant, jugeant que Mademoiſelle de Vaurry n'avoit rien dans le cœur pour Monſieur de Valcy, puiſqu'elle marquoit tant de nonchalance dans une occaſion qui auroit dû être la principale & la plus intéreſſante de ſa vie, ſi elle eût aimé.

Les viſites fréquentes de Madame de Vaury, produiſirent les meilleurs effets pour ſon amie, que l'on croyoit ſa fille. L'air impoſant de cette Dame, & ſa politeſſe donnerent une haute opinion de ſa naiſſance & de ſa vertu. On commença à plaindre Mademoiſelle de Vaury, d'être expoſée aux caprices de Mademoiſelle de Saint-Pere. Elle s'apperçut même que les femmes qui étoient à ſon ſervice la traitoient avec plus d'égards : il n'y eut que la gouvernante qui augmenta d'impertinence, croyant apparemment ſe venger des diſtinctions qu'on accordoit à Mademoiſelle de Vaury, en tâchant de mettre de l'égalité entre elles, par ſes familiaritée rebutantes. C'étoit ſant doute par le conſeil de Mademoiſelle de Saint-Pere, ou pour lui complaire, qu'elle tenoit cette conduite.

La Ducheſſe venoit rarement au Couvent, & quand elle y venoit, elle paſſoit au parloir de l'Abbeſſe, & Mademoiſelle de Saint-Pere s'y rendoit pour y voir ſa mere. Elle eut le chagrin d'entendre les louanges que l'on prodiguoit à Mademoiſelle de Vaury, & d'appercevoir que la Ducheſſe étoit très-ſatisfaite de s'être chargée d'elle. Se trouvant très éloignée de l'eſpérance d'en être bientôt défaite, elle conçut la mépriſable réſolution de lui donner tant de déſagrément, qu'elle prît elle-même le parti de demander à ſe retirer. Mademoiſelle de Saint-Pere penſa pouvoir rejetter ſur Mademoiſelle de Vaury, les procédés ſinguliers qu'elle auroit avec elle, en cas qu'ils vinſſent à la connoiſſance de ſa mere. Cette Dame demanda qu'on l'avertît de paſſer au parloir de l'Abbeſſe: elle y fut, s'y préſenta avec reſpect, mais avec aſſurance, répondit modeſtement au diſcours obligeant de l'Abbeſſe; ſe tourna du côté de la Ducheſſe, qu'elle remercia de ſes bontés dans des termes qui, ſans rien dérober à la reconnoiſſance, marquoient, mais avec décence, ſa ſenſibilité. Mademoiſelle de Saint-Pere ne s'étoit point levée pour la ſaluer: en ſortant elle lui fit une profonde réverence; cette affectation fut remarquée par la Ducheſſe, qui réſolut de s'éclaircir ſur la façon dont ſa fille en uſoit avec Mademoiſelle de Vaury.

Quelques jours après la Ducheſſe l'envoya querir. C'étoit la premiere fois, depuis qu'elle étoit auprès de ſa fille; elle ne ſe fit pas prier: après s'être habillée à la hâte, elle paſſa chez l'Abbeſſe pour lui demander la permiſſion de ſortir du Couvent. Cette Princeſſe lui ſçut bon gré de cette démarche, dont elle pouvoit ſe diſpenſer, la Ducheſſe ayant averti qu'elle la demandoit pour toute la journée. Mademoiſelle de Vaury arriva à l'Hôtel de *** avec un battement de cœur ſi grand, qu'elle penſa ſe trouver mal en deſcendant de Carroſſe ; ne ſachant point ce que ſa Protectrice avoit à lui dire, elle avoit queſtionné la femme qu'elle lui avoit envoyée, qui paroiſſoit fort peu inſtruite : ainſi elle attendit, non ſans impatience, une explication qu'elle n'avoit garde de preſſentir.

L'accueil de la Ducheſſe la raſſura. Elle la queſtionna ſur le caractère de Mademoiſelle de Saint-Pere, de quelle façon elle en agiſſoit avec elle. Mademoiſelle de Vaury eut la généroſité de ne rien dire des humiliations qu'elle lui faiſoit eſſuyer, la loua ſur les qualités qu'elle avoit, & fit croire à la Ducheſſe qu'elle étoit fort contente de ſon ſort : cette Dame lui dit qu'elle vouloit connoître Madame de Vaury, & qu'elle ne manquât pas de l'inviter de ſa part à venir la voir. Mais Mademoiſelle de Vaury s'étant acquittée de cette commiſſion, ſon amie refuſa d'y aller, dans la crainte de ne pas ſoutenir le perſonnage qu'on lui faiſoit jouer au Couvent & chez la Ducheſſe. On la croyoit mere de Mademoiſelle de Vaury : cette certitude n'entraînoit aucune explication ; mais vis-à-vis de la Ducheſſe, il falloit non-ſeulement ſoutenir un menſonge, mais entrer en confidence ſur les malheurs de ſa ſituation, & être forcée de partager avec ſa prétendue fille les bienfaits de cette Dame dont elle n'avoit pas beſoin, & qu'elle auroit pe[illegible] rougi de recevoir : ainſi, elle éluda, ſous differens prétextes, ſa viſite chez la Ducheſſe, qui crut, après y avoir fait réfléxion, qu'elle ne vouloit pas paroître : en trouvant ſa vanité ridicule, elle l'en eſtima d'avantage

Mademoiſelle de Vaury revint au Couvent, comblée de careſſes, & de préſens de la Ducheſſe, très-ſatisfaite de cette viſite, & bien déterminée à ne rien ſouffrir de Mademoiſelle de Saint-Pere, dont l'inquiétude devoit naturellement lui cauſer un plaiſir aſſez doux.

La gouvernante fut la premiere perſonne qu'elle rencontra : en entrant dans ſa chambre, elle vint à elle les bras ouverts : eh mon Dieu! dit cette femme, vous avez bien tardé, ma chere enfant : ſans la repouſſer durement, Mademoiſelle de Vaury s'éloignant un peu, lui répondit qu'elle n'étoit pas demeurée autant qu'elle l'eût deſiré ; mais que l'heure la rappellant au Couvent, elle n'avoit pu reſter d'avantage. Cette femme s'aſſit ſans façon ; vous êtes bien gentille, continua-t-elle : mais vous êtes ſi fiere, qu'on ne peut pas vous parler : écoutez ; il ne faut mépriſer perſonne : on dit que vous êtes noble : qu'eſt ce que cela fait? Quand on mange le pain des maîtres, on eſt tous égaux. Mademoiſelle de Vaury ne daigna pas répliquer aux ſots propos de cette femme, & étala à ſes yeux les jolies bagatelles que la Ducheſſe lui avoit données. Bon Dieu! qu'eſt ce que cela? Voyez ce que c'eſt que de plaire aux maîtres, reprit la gouvernante! Mademoiſelle n'en a jamais eu tant de ſa mere. Allez! ma bonne, répliqua Mademoiſelle de Vaury; dites, je vous prie, qu'on m'apporte un bouillon; je ne veux pas ſouper... Mais eſt-ce que vous ne viendrez pas lire au chevet de notre Demoiſelle? Priez-la de m'en diſpenſer, continua Mademoiſelle de Vaury; car j'ai des lettres à écrire ce ſoir. Le ton, les propos de Mademoiſelle de Vaury étonnerent ſi fort la gouvernante qu'elle s'en alla toute confuſe. Cécile vint doucement frapper à ſa porte, après que tout le monde fut couché. Elle lui raconta les allarmes de Mademoiſelle de Saint-Pere, quand elle l'avoit vu partir pour aller chez la Ducheſſe; ajoûtant que c'étoit elle qui avoit envoyé ſa gouvernante pour tâcher de ſçavoir ſi elle ne s'étoit pas plainte de ſes procédés. Mademoiſelle de Vaury avoit pris quelque confiance en cette fille; elle ne crut pas devoir lui cacher ce qu'elle avoit repondu aux queſtions de la Ducheſſe.

Madame de Terville avoit reçu un court détail de l'Hiſtoire de Monſieur de Valcy, & des raiſons que Mademoiſelle de Vaury avoit eues de ſe mettre ſous la protection d'une grande Dame, qui la tenoit généreuſement au Couvent. Je tâcherai de m'y maintenir, ajoûta-t-elle, juſqu'a ce qu'il plaiſe à la Providence de me placer mieux. Madame de Terville, ſatisfaite d'être débarraſſée de ſa fille, lui répondit qu'elle lui ſouhaitoit bien du bonheur, qu'elle tâchât de ſe paſſer de la petite penſion qu'elle lui faiſoit ; parce que faiſant bâtir à Prémur, elle avoit beſoin d'argent. Mademoiſelle de Vaury, qui ſe croyoit à l'abri de la néceſſité, n'inſiſta point ſur le refus de ſa mere, qui véçut ſans penſer que ſa fille étoit à Paris, livrée à tous les hazards de la bonne ou mauvaiſe fortune ; elle ne lui écrivit plus que pour l'exhorter à plier ſous les fantaiſies de Mademoiſelle de Saint-Pere ; leçon bien digne d'elle, mais que ſa fille étoit fort éloignée de ſuivre.

Madame de Vaury, indignée de ce que le pere de Monſieur de Valcy n'avoit point ſatisfait aux obligations que le Miniſtre lui avoit impoſées, préſenta un placet pour s'en plaindre ; le Vieillard répondit qu'il étoit arrivé tant d'accidens à ſon fils, dont Mademoiſelle de Vaury étoit la cauſe, qu'il ſe croyoit diſpenſé de lui donner aucuns dédommagemens ; qu'on auroit bien dû plutôt la renfermer, que de laiſſer à ſon malheureux fils la liberté de ſuivre ſon penchant : cette affaire ne dependoit plus du Miniſtre ; elle ne pouvoit être diſcutée qu'en juſtice reglée. Madame de Vaury ne jugea pas à propos d'entreprendre un procès, dont l'iſſue pouvoit être malheureuſe. Perſuadée qu'un jour le fils vengeroit ſon amante des injuſtices de ſon pere, elle lui conſeilla de ne plus ſonger à pourſuivre un homme de ſi mauvaiſe volonté, & qui pouvoit avoir beaucoup de crédit. En général les procès en réparation ne peuvent jamais faire honneur à une femme : il y a toujours des circonſtances offenſantes pour elle : car, à la honte du barreau, on avance ſouvent des faits injurieux aux parties. Ainſi prudemment Mademoiſelle de Vaury ſe vit encore privée de cette reſſource.

Monſieur de Tarol revint d'Auvergne, pour ſon ſervice : il vola chez Madame de Vaury, qui l'inſtruiſit de tout ce qui venoit d'arriver à sa fille. Il se rendit à Panthemont avec empressement : sa visite la surprit, & lui donna de la joie. Elle étoit charmée de revoir un homme qui lui avoit marqué tant d'amitié. Après mille questions obligeantes, il lui demanda tristement si elle étoit déterminée à joindre Monsieur de Valcy en Espagne ? Elle lui répondit qu'elle y étoit résolue ; n'attendant qu'un oncle, qui étoit en Italie, pour la conduire. Il l'écoutoit, en poussant de longs soupirs : il étoit agité violemment ; & sans la détourner de sa résolution, il ne pouvoit s'empêcher de souhaiter qu'elle ne l'effectuât jamais. Mademoiselle de Vaury ne conçevoit rien à la bisarrerie de cette conduite, & lui en demandoit souvent la raison. Il ne lui répondoit que par des regards, où la passion la plus tendre étoit exprimée, ne s'expliquant jamais plus intelligiblement sur ses sentimens. Madame de Vaury étoit perſuadée qu'il étoit amoureux ; mais elle ne pouvoit comprendre pourquoi il ne vouloit point ſe déclarer ; elle eût deſiré que ſa jeune amie eût été mariée à un homme maître de ſes volontés, qui n'eût conſulté que ſon goût pour elle. L'âge de Monſieur de Tarol ne pouvoit lui faire penſer qu'il dépendît encore de ſes parents. En vain lui fit-elle cent queſtions à ce ſujet : il ne répondoit que par monoſyllabes, ou détournoit la converſation, quelquefois il prioit Madame de Vaury de ne pas permettre que ſa fille allât ſi loin chercher un mari, qui pouvoit ſe rencontrer dans ſa patrie, avec des avantages plus conſidérables que n'en pouvoit prétendre Monſieur de Valcy. Ma fille, répliquoit-elle, n'eſt pas riche, & elle ne peut eſpérer qu'un établiſſement ordinaire du côté de la fortune. Elle eſt moins à portée que jamais de faire des connoiſſances : ſéqueſtrée dans un Couvent, qui voulez-vous qui penſe à elle?

Elle ne disoit toutes ces choses que pour engager Monsieur de Tarol à parler : mais elle eut beau faire, il ne s'expliqua pas mieux : & il continua d'aller au Couvent, tout le tems que son service lui laissoit. Ses assiduités ne parurent point suspectes : son âge, son caractère ne firent naître aucuns soupçons ; l'Abbesse seulement demanda qui il étoit ; & Mademoiselle de Vaury ayant répondû qu'il étoit un ami de sa mere, Brigadier des Gardes du Corps, on ne lui fit plus de questions.

Son oncle revint d'Italie, & augmenta les visites qu'elle recevoit au parloir ; Mademoiselle de Saint-Pere se plaignit qu'elle ne lui tenoit plus compagnie. Ce reproche étant fondé, & ne voulant pas donner prise aux plaintes qu'elle pouvoit faire de son peu de régularité, elle pria Monsieur de Tarol & son oncle de venir moins souvent : le premier ayant fini son sémestre s'en retourna dans sa Province : & l'Abbé étant obligé d'être ſouvent avec ſon élève, ne vint que rarement voir ſa niéce, à qui il dit que les parens du jeune Comte avoient été ſi contents de ſes ſoins, qu'ils lui avoient donné une penſion honnête, & un préſent fort riche, aux ſeules conditions qu'il reſteroit dans leur maiſon, & s'attacheroit à leur fils, à qui l'on venoit de donner une charge que poſſédoit ſon pere. Il ajoûta qu'il eſpéroit d'obtenir dans la ſuite un bénéfice par ſon crédit, au moins me l'a-t-il promis, ſi je ne le quittois pas. Ainſi, ma chère niéce, je ſerai en état de prendre ſoin de vous, ſi la Ducheſſe vous retiroit ſes bienfaits; Mademoiſelle de Vaury avertit ſon oncle de ne plus la nommer par ſon nom, & d'aider plutôt à perſuader tout le monde qu'elle étoit fille de Madame de Vaury : il étoit lui-même ſi ſatisfait d'avoir changé le ſien, qu'il n'avoit garde de faire connoitre ſa niéce ſous le véritable, dont il avoit honte, &

qu'il avoit caché soigneusement; Mademoiselle, de Vaury lui fit plusieurs questions sur son élève : il répondit en bon Ecclésiastique qui ne le flattoit pas; mais qui lui rendoit justice sur ses belles qualitez, & si l'Abbé de Ligny étoit un homme de bien, son élève promettoit le plus beau naturel. Il avoit vingt-ans. Son éducation avoit été fort cultivée. Son Gouverneur étant mort, l'Abbé de Ligny avoit été préféré pour le remplaçer & le conduire dans les voyages qu'on lui avoit fait faire. Il avoit pris le nom de Marquis du Frénoy, pour n'être pas connu; & c'est sous ce nom que Mademoiselle de Vaury le connoissoit pour l'élève de son oncle; c'est ce changement de nom qui causa des événemens fort singuliers dans le cours de cette Histoire.

L'Abbé de Ligny n'étoit point d'avis que sa niéce joignît Monsieur de Valcy en Espagne, qu'il n'eût une fortune assurée; ce qui ne pouvoit arriver de pluſieurs années, pendant leſquelles il pouvoit ſurvenir des événemens, qui peut-être l'éloigneroient pour toujours d'un homme qui ne pouvoit de long-tems revenir en France. L'Abbé ne connoiſſoit pas plus que le Cordelier les loix qu'impoſe u[illegible]role donnée, avec une volonté franche, & ſurtout dans l'occaſion dont il s'agiſſoit. Ils auroient mieux prononcé ſur un cas de conſcience, que ſur le point d'honneur, deux choſes très-différentes, & ſur leſquelles on ne ſera jamais d'accord. L'état Eccléſiaſtique ne donne pas des ſcrupules bien délicats, ſur les engagemens de cœur; mais la tranquillité d'ame de Mademoiſelle de Vaury, lui laiſſoit tout le ſang-froid néceſſaire pour connoitre ce à quoi elle s'étoit engagée, en contractant des obligations avec Monſieur de Valcy. C'étoit la fatale paſſion qu'il avoit eue pour elle, qui étoit cauſe de ſon malheur; elle ſe trouvoit indiſpenſablement obligée à tenir ſa parole ; dans cette réſolution elle répondit à ſon oncle tout ce qu'elle crut capable de le déterminer à la conduire en Eſpagne. Il ſe perſuada qu'elle étoit tendrement épriſe de Monſieur de Valcy ; & dans cette penſée, il ne lui opp[illegible]e des diſcours vagues qui ne pouvoient pas la faire changer d'avis ; cependant cette perſuaſion l'engagea dans la ſuite à une démarche violente, qui ne pouvoit s'excuſer qu'en étant vraiment perſuadé que ſa niéce avoit une paſſion ſérieuſe pour Monſieur de Valcy, & que c'étoit lui rendre un ſervice en l'obligeant de lui donner la main.

La Ducheſſe de Saint-Pere ménageoit depuis long-tems un parti conſidérable pour ſa fille ; & ſur le point de la marier, elle crut qu'elle devoit la faire ſortir quelquefois du Couvent, pour l'accoutumer au grand monde, pour lequel elle étoit deſtinée. Un matin elle lui envoya dire de ſe tenir prête,

qu'elle

qu'elle l'enverroit chercher ; & surtout qu'elle amenât avec elle Mademoiselle de Vaury, devant passer quelques jours chez-elle. Mademoiselle de Saint-Pere, en demandant permission à l'Abbesse, ne lui parla point de Mademoiselle de Vaury, & arriva chez sa mere sans elle. La Duchesse, surprise de ne la point voir, en demanda la raison ; elle feignit de l'avoir oubliée, & dit que l'on l'avertiroit, si elle le vouloit. Elle avoit fait la leçon à sa gouvernante avant que de sortir. Affectant d'être fachée de ne l'avoir point amenée, elle offrit d'écrire un petit mot, & d'envoyer un domestique à elle, qui lui servoit pour faire ses commissions en dehors ; la Duchesse la prit au mot : le billet fut envoyé, mais, à la gouvernante, & non à Mademoiselle de Vaury. Une heure après le laquais revint, & dit que Mademoiselle de Vaury s'étoit trouvée si incommodée qu'elle prioit Madame la Duchesse de la dispenser de venir à l'Hôtel. Vous avez cru, ajoûta en souriant Mademoiselle de Saint-Pere, me donner une compagnie en plaçant cette fille auprès de moi; mais je vous avertis qu'elle n'est presque jamais dans ma chambre, toujours au parloir ou à écrire : il faut qu'elle ait quelqu'intrigue assurément. La Duchesse ne vit que de l'humeur dans la remarque de sa fille, & par réfléxion elle comprit que le contre-tems qui l'avoit privée de Mademoiselle de Vaury, étoit heureux; puisque Mademoiselle de Saint-Pere n'étant venue que pour la premiere entrevûe avec l'époux qui lui étoit destiné, la présence d'une aussi belle personne auroit pu lui faire tort. Trop éclairée pour se flater que sa fille pût soutenir la comparaison, elle ne songea plus à Mademoiselle de Vaury, qui resta trois jours seule au Couvent, n'ayant pas seulement fait réfléxion pourquoi elle n'avoit pas été du voyage : mais la gouvernante ne fut pas ſi tranquille, étant très-piquée de ce qu'on avoit preféré Cécile pour accompagner Mademoiſelle de Saint-Pere dans une occaſion, où elle croyoit devoir jouer un aſſez grand rôle. Selon l'uſage de ces ſortes de femmes, elle ſe vengea ſur les défauts de ſa maitreſſe, & plus encore ſur ceux de la Ducheſſe, qui n'avoit pas voulu qu'elle vînt à l'Hôtel depuis long-tems.

Trois jours après Mademoiſelle de Saint-Pere revint au Couvent : ſa joie éclatoit ſur ſon viſage ; & ſa phyſionomie, auparavant froide & inſipide, s'étoit animée à un point, qu'elle étoit méconnoiſſable. Elle s'étendit ſurtout, ſur les louanges qu'elle donnoit au Comte de Marſevil qu'elle devoit épouſer, & en fit un portrait ſi charmant que Mademoiſelle de Vaury ne douta pas qu'elle n'en fût épriſe. Il ſe fit un changement auſſi grand dans ſon humeur, que dans ſa figure : elle badinoit avec Mademoiſelle de Vaury, & lui demandoit quel ſeroit ſon goût ſur le mari qu'elle voudroit avoir ? Mademoiſelle de Vaury, qui ſe trouvoit fort bien de la gaieté de Mademoiſelle de Saint-Pere, répondoit du même ton aux queſtions qu'elle lui faiſoit.

Ce tems de calme fut court : un jour Mademoiſelle de Vaury étant deſcendue au parloir où Madame de Vaury la demandoit, fut fort étonnée de trouver un jeune homme qu'elle ne connoiſſoit point. Il étoit vêtu magnifiquement, & annonçoit une naiſſance & un état diſtingués : Madame de Vaury étoit aſſiſe auprès de la grille, attendant un éclairciſſement ſur une viſite qui ne lui ſembloit pas être pour ſon amie, qui ſaluant le jeune homme civilement, s'aſſit auprès de Madame de Vaury, attendant qu'elle lui expliquât le ſujet d'une apparition ſi extraordinaire. Ces trois perſonnes ſe regardoient, à peu-près des mêmes yeux ;

les deux Dames n'osoient se faire des questions : le jeune homme de bout, regardant avidement Mademoiselle de Vaury, ne disoit rien. Enfin elle rompit un silence si singulier ; Monsieur demande sans doute quelque pensionnaire? On m'a dit, reprit-il galamment, que Mademoiselle de Saint-Pere étoit ici. Et j'attendrai sans impatience... Je m'en vais, repliqua Mademoiselle de Vaury, la faire avertir que vous-êtes ici. Car elle comprit qu'il étoit le Comte de Marsevil. Je vous serai fort obligé, Mademoiselle, de votre attention. Il prit une chaise & s'assit auprès de la grille. Le tems que Mademoiselle de Saint-Pere mit à venir, suffit à Mademoiselle de Vaury pour expliquer à son amie, que le Comte de Marsevil devoit bientôt épouser Mademoiselle de Saint-Pere : elle soupira en songeant que cet homme, d'un extérieur si séduisant, alloit être si mal assorti, & qu'il étoit sur le point de former une union qui ne pouvoit le rendre heureux. Cette réfléxion la fit rêver jusqu'au moment que Mademoiselle de Saint-Pere parut. Elle marqua un dépit outré, quand elle aperçut le Comte dans le parloir avec Mademoiselle de Vaury, & une Dame qu'elle jugea être sa mere. Demandant un autre parloir, elle obligea le Comte à quitter celui où il fût demeuré avec une grande satisfaction. Il salua civilement les deux Dames, en leur faisant un compliment, où il entra quelqu'embarras, qui fut remarqué par Madame de Vaury. Si je ne me trompe, dit-elle, notre amoureux auroit bien autant aimé rester ici, que de passer dans le parloir voisin. Mademoiselle de Vaury sourit; & ne se sentant pas sa liberté d'esprit ordinaire, elle abrégea l'entretien qu'elle avoit avec sa mere, & se retira dans sa chambre pour songer à l'impression que le Comte de Marsevil avoit faite sur elle; il y avoit à peine une heure qu'elle y étoit, quand Mademoiſelle de Saint-Pere la fit appeller : elle remarqua dans ſon air & dans ſes yeux tant de dédain, qu'elle ſe prépara à eſſuyer quelque grand caprice. Je trouve bien ſingulier, dit-elle, que vous receviez mes viſites ! moi, Mademoiſelle, je ne ſache pas avoir rien fait contre la bienſéance, ni le reſpect que je vous dois, je ſçais qu'il n'y a que Monſieur le Comte de Marſevil qui ait la permiſſion de vous voir ici ; & je vous ai fait avertir auſſi-tôt que je l'ai apperçû à la grille ; ce n'eſt pas ma faute ſi vous avez demeuré quelque tems ſans venir. Je ne ſçais, répliqua-t-elle, où étoit l'eſprit de ma mere, quand elle vous a miſe à mon ſervice. Hélas ! Mademoiſelle, elle avoit bien tort en effet, dit Mademoiſelle de Vaury en fondant en larmes, de penſer que vous connoiſſiez l'honneteté & l'humanité, & toutes les vertus qu'elle poſſéde. Je ne ſçais ſi Mademoiſelle de Saint-Pere vit dans ce difcours plus de force qu'il n'y en avoit ; mais elle fe mit dans une colère qui lui ôta toute modération. Après avoir ordonné à Mademoifelle de Vaury de fortir de fa chambre, elle la ménaça de s'en plaindre à fa mere, & de la faire chaffer du Couvent.

Mademoifelle de Vaury ne fe fit pas repéter deux fois cet ordre : elle s'en alla chez-elle, bien déterminée cette fois d'écrire à la Ducheffe un procédé auffi violent, & de la prier de lui permettre de fe retirer : elle alloit cacheter la lettre, lorfque la gouvernante entra. Qu'eft-ce donc, ma chère amie, lui dit cette femme ? Voilà bien du bruit pour une mouche qui a paffé devant les yeux de Mademoifelle : je lui ai bien dit qu'elle avoit tort, & quoique vous foyez un peu en droit de lui répondre, il faut bien en paffer à nos maîtres. J'en ai paffé bien d'autres, moi qui vous parle : Mademoifelle de Vaury ne daignoit pas répondre, &

continuoit d'écrire, quand la gouvernante se leva, & vint à elle pour l'empêcher de donner la lettre à une Touriere, qui l'attendoit. Fi donc, Mademoiselle, vous avez de la rancune; n'écrivez point à Madame la Duchesse : je vous promets de vous raccommoder avec Mademoiselle; & avant qu'il soit nuit, il n'y paroitra plus.

Mademoiselle de Vaury conçut que la gouvernante ne faisoit pas cette démarche d'elle même, & que Mademoiselle de Saint-Pere, en lui envoyant cette femme, lui faisoit une espéce d'excuse. Quoiqu'on lui eût dit des choses assez dures, elle sentoit une secrette peine à sortir du Couvent dans lès circonstances présentes. Deux jours auparavant elle n'eût pas balancé de retourner chez son amie. Ayant répondu à la gouvernante qu'elle n'étoit pas d'humeur à souffrir les caprices ni les duretés de Mademoiselle de Saint-Pere, la gouvernante lui répondit qu'elle en étoit fachée, & qu'il ne falloit pas prendre les gens au mot, *comme cela*; elle l'engagea à déchirer sa lettre, & de dire à la Touriere qu'elle avoit changé d'avis: la gouvernante s'en alla; & à l'heure du soupé, elle revint la chercher. Après avoir fait beaucoup de façons, Mademoiselle de Vaury se laissa conduire dans l'appartement de Mademoiselle de Saint-Pere qu'elle trouva très confuse, & qui lui fit une espéce d'excuse de son emportement. Mademoiselle de Vaury étoit trop généreuse pour insister: pendant le repas, on ne parla de rien qui eût rapport à ce qui s'étoit passé; elle retourna dans la chambre, satisfaite de ne point être obligée de sortir du Couvent.

La passion tient lieu d'esprit; Mademoiselle de Saint-Pere s'étoit apperçue, aux éloges que le Comte avoit donnés à Mademoiselle de Vaury, qu'elle avoit fait sur lui quelqu'impression; elle en fut encore plus convaincue par ſes fréquentes diſtractions: ſa jalouſie lui fit peut-être le mal plus grand qu'il n'étoit alors; & comme elle rend injuſte, elle s'en prit à Mademoiſelle de Vaury, comme on vient de le voir; mais elle ne ſe fut pas plutôt abandonnée à ſon humeur, qu'elle s'en repentit, en faiſant réfléxion que, ſi Mademoiſelle de Vaury ſortoit du Couvent, elle ne ſeroit plus témoin de ſa conduite, & que le Comte de Marſevil trouveroit peut-être des occaſions de la voir, qu'il n'auroit pas à Panthemont. Elle tint conſeil avec ſa gouvernante, & l'engagea d'aller chez Mademoiſelle de Vaury, pour la détourner de ſon deſſein.

Le lendemain Mademoiſelle de Saint-Pere la traita fort honnêtement; mais elle méditoit une action qui gâta tout: elle avoit mis la veille une aſſez belle robe pour la premiere fois; ſe l'étant fait apporter, elle dit à Mademoiſelle de Vaury qu'elle lui en faiſoit préſent. Sans pénétrer les raiſons de Mademoiſelle de Saint-Pere, Mademoiſelle de Vaury fut choquée de ſa conduite : ayant fait mettre la robe ſur le lit, elle fit appeller Cécile; tenez, dit-elle à cette fille, voilà une robe de Mademoiſelle dont elle vous fait préſent. Mademoiſelle de Saint-Pere, qui ne s'étoit pas attendue à cette façon d'agir, n'eut ni la force ni l'eſprit de s'oppoſer à l'action de Mademoiſelle de Vaury. Cécile voyant tout le monde interdit, ſe mit en devoir d'emporter la robe; mais la gouvernante s'y oppoſa, en diſant que Mademoiſelle la vouloit bien donner; mais que ce n'étoit pas à elle. Cécile attendit encore quelques momens : & voyant que Mademoiſelle de Saint-Pere ne diſoit mot, elle s'en alla en hauſſant les épaules, & regardant la gouvernante en riant.

Quelques jours après Mademoiſelle de Saint-Pere fut au parloir, y demeura fort long-tems, & en revint d'aſſez mauvaiſe humeur : en rentrant elle trouva Mademoiſelle de Vaury dans ſa chambre qui travailloit ſur un métier en tapiſſerie; elle lui chercha querelle, en diſant qu'elle faiſoit fort mal un certain point. Mademoiſelle de Vaury s'impatienta de cette tracaſſerie, & répondit qu'il y avoit des gens vétilleux, qui faiſoient, des plus petites bagatelles, des affaires importantes; qu'il lui paroiſſoit égal de faire bien ou mal un point de tapiſſerie. Cela n'eſt pas égal, reprit Mademoiſelle de Saint-Pere, puiſque je vous ai dit de vous y appliquer, & que vous êtes faite pour m'obéir. Non, non, Mademoiſelle, reprit Mademoiſelle de Vaury; je ne ſuis ici ſous aucun titre qui l'éxige : je ſerai toujours prête à vous rendre ce qui vous eſt dû, & ce que je dois à la reconnoiſſance que j'ai pour Madame votre mere; mais je ne me ſoumettrai jamais à des actions indignes de moi.

Je ne ſçais ce que Mademoiſelle de Saint-Pere trouva d'offenſant dans cette réponſe. Mais rougiſſant de dépit, elle ôta ſes gants, & les jetta au viſage de Mademoiſelle de Vaury, en diſant: voilà comme on répond aux créatures de votre eſpéce, quand elles s'oublient. Cécile, qui fut témoin de cette action, en fut indignée. Mademoiſelle de Vaury étoit reſtée immobile ſur ſa chaiſe, ne ſachant à quoi ſe déterminer; enfin prenant ſon parti, elle ſe retira dans ſa chambre ſuffoquée par ſa douleur.

Les belles ames ſont ſi éloignées de concevoir les mauvais procédés, qu'elle n'eut ni la préſence d'eſprit, ni la force de répondre à Mademoiſelle de Saint-Pere: l'uſage de ſa raiſon fut comme ſuſpendu; il ne lui vint aucuns termes dont elle pût ſe ſervir; mais rendue à elle même, elle éprouva tout ce que l'honneur, & l'amour-propre offenſés ont de plus cruel; il n'étoit plus poſſible de reſter avec Mademoiſelle de Saint-Pere, qui ſentant ſa faute, & les conſéquences, défendit à Cécile d'en parler, & chargea la gouvernante d'aller chez Mademoiſelle de Vaury pour tacher de l'excuſer encore. Cette femme crut qu'elle réuſſiroit comme la premiere fois : elle trouva Mademoiſelle de Vaury noyée dans ſes larmes. Qu'eſt-ce donc, Mademoiſelle? Vous vous fâchez toujours? Hé mon dieu! je n'ai jamais vu perſonne comme vous! Mademoiſelle de Vaury lui fit ſigne de la main de ſe retirer; mais la gouvernante, uſant du privilége qu'elle croyoit avoir, au lieu d'obéir, s'aſſit. Que vous êtes difficile à vivre, continua-t-elle! J'avoue que Mademoiſelle a tort, comme on me la conté; jetter des gants au viſage, cela n'eſt pas honnête! Mais ſavez vous bien qu'elle m'a jetté ſes mules à la tête, à moi qui l'ai nourrie & élevée? Je lui ai bien pardonné : il faut que vous en faſſiez de même. Vous avez, ma bonne, dit Mademoiſelle de Vaury, agi comme vous deviez; & moi je me conduirai comme il convient. Faites-moi l'amitié de me laiſſer ſeule. La gouvernante, voyant qu'elle ne gagneroit rien pour le moment, trompée par la douceur de Mademoiſelle de Vaury, crut que tout s'appaiſeroit; & ſe retira pour aller rendre compte à ſa maitreſſe du peu de ſuccès de ſa commiſſion.

Sitôt que Mademoiſelle de Vaury fut ſeule, elle mit ſa clef en dedans, & s'enferma, bien réſolue de n'ouvrir qu'à Cécile, & de ſe faire apporter à ſouper dans ſa chambre: elle écrivit au Religieux, & à Madame de Vaury; & ſans leur détailler la ſcene qui venoit de ſe paſſer, elle en dit aſſez pour donner beaucoup de curioſité au Cordelier, & d'inquiétude à ſon amie.

Cécile, ne ſuivant que le zèle & l'affection qu'elle avoit pour Mademoiſelle de Vaury, alla chez l'Abbeſſe, à qui elle demanda à parler en particulier pour une affaire importante. Cette Princeſſe l'ayant fait entrer dans ſon Oratoire, Cécile lui raconta le procédé de Mademoiſelle de Saint-Pere. l'Abbeſſe n'en fut pas ſurpriſe, connoiſſant ſon caractère, & ayant pénétré qu'elle étoit jalouſe de Mademoiſelle de Vaury. Elle recommanda à Cécile le plus grand ſecret, & de dire à Mademoiſelle de Vaury de venir lui parler après ſon ſouper, ſans que perſonne eût connoiſſance de cette entrevue. Elle ajoûta qu'elle alloit donner des ordres de la faire entrer dans ſon parloir, par un petit eſcalier dérobé.

Cécile courut annonçer les intentions de l'Abbeſſe à Mademoiſelle de Vaury, qui la gronda d'avoir inſtruit cette Dame de la conduite de Mademoiſelle de Saint-Pere... mais la démarche étant faite, elle ſe rendit fort tard dans le parloir de l'Abbeſſe, qui la fit asseoir aussi-tôt. Je n'ai point été surprise, lui dit-elle, de ce qu'on m'a appris : je vous ai fait venir pour savoir vos intentions, & si je puis vous être utile. Mademoiselle de Vaury, entiérement rassurée par l'accueil obligeant de l'Abbesse, lui marqua sa reconnoissance par les termes les plus respectueux & les plus tendres. Elle lui répondit qu'elle accepteroit ses bienfaits quand elle seroit libre de disposer de ses volontés. Si j'ai lieu de me plaindre de Mademoiselle de Saint-Pere, je ne puis sans ingratitude oublier les bontés dont Madame la Duchesse m'a comblée ; je vais lui rendre compte des raisons qui m'obligent à quitter sa fille. L'Abbesse approuva cette conduite, & lui promit de prendre soin d'elle, si la Duchesse se déclaroit du parti de sa fille. Le lendemain elle lui fit préparer un petit appartement, où elle lui dit de demeurer, en attendant ce qui seroit décidé sur son sort.

Elle avoit mandé au Cordelier de venir le matin : il n'y manqua pas ; il l'écouta ſans l'interrompre, marquant beaucoup de tranquillité. Après qu'elle eut fini de parler, il lui demanda ce qu'elle comptoit devenir avec tant de fierté ? Car, ajoûta-t-il, Mademoiſelle de Saint-Pere vous a fait faire des excuſes ; & tout ceci n'eſt dans le fond, qu'une tracaſſerie de femme, à laquelle vous ne devez plus ſonger. Le Cordelier raiſonnoit comme un bon Religieux qui ſuit l'Evangile à la lettre : mais l'Evangile ne preſcrit point la maniere de ſe conduire dans le monde : & Mademoiſelle de Vaury avoit des ſentimens qui s'accordoient très bien avec les maximes du monde. Elle crut pouvoir repréſenter à ſon Directeur, ce qu'elle ſe devoit à elle même & au préjugé. Chimere que tout cela, lui dit-il ; vivre bien & vivre dans la vertu, voilà tout ce que vous devez deſirer. Elle voulut le charger de parler à la

Duchesse : mais il rejetta cette proposition, dans la crainte de l'indisposer contre elle ; s'appercevant qu'il étoit inutile d'insister, elle resta dans la résolution d'attendre Madame de Vaury pour prendre ses conseils, sa façon de penser s'accordant mieux avec la sienne : le Cordelier s'en alla, en lui recommandant plus de modération & de docilité, & moins d'orgueil.

Son aventure ne lui avoit pas laissé le loisir de penser au Comte de Marsevil : sa situation étoit si bisarre, qu'il étoit presque impossible qu'elle en sortît sans quelqu'évenement extraordinaire. Elle ne connoissoit encore que l'extérieur de son état ; le dedans d'elle-même lui étoit absolument inconnu ; il sembloit que le commencement de sa vie n'avoit été tissu d'infortunes que pour l'amener par degrés au comble du bonheur.

Elle pensoit, avec une espéce de douçeur, aux assurances de bonté que l'Abbeſſe lui avoient données : j'attendrai au moins, diſoit-elle, que je puiſſe jouir de quelque proſpérité, ſans dépendre du caprice de perſonne ; car la Ducheſſe ne préférera pas ma ſatisfaction à celle de ſa fille. Je ne puis, ni ne dois raiſonnablement l'eſpérer. Elle étoit occupée de ces penſées, quand on la ſonna ; elle vola au parloir pour dépoſer dans le ſein de ſon amie ſes embarras, & ſes incertitudes. Madame de Vaury, après l'avoir écoutée, lui dit qu'il n'y avoit point à balançer ; qu'il falloit quitter Mademoiſelle de Saint-Pere, & s'attacher à l'Abbeſſe. Ainſi il ne fut plus queſtion que d'inſtruire la Ducheſſe de ſes réſolutions, & des raiſons de ſa conduite. Les conſolations de Madame de Vaury acheverent de lui mettre l'eſprit dans une ſituation plus tranquille ; l'Abbé de Ligny étoit à la campagne pour quelques jours ; ainſi il ne fut point conſulté.

Mademoiselle de Saint-Pere apprit que l'Abbeſſe avoit fait arranger un appartement à Mademoiſelle de Vaury. Cette circonſtance l'inquiéta beaucoup : elle ſe repentit, mais trop tard, de ſes procédés ; & fit encore des démarches pour empêcher qu'elle ne ſe plaignît à la Ducheſſe. Ses tentatives furent inutiles : Mademoiſelle de Vaury ne voulut pas même ſe rendre dans ſon appartement où elle l'avoit fait prier de venir : elle dîna chez l'Abbeſſe ; & rentrée dans ſa chambre, elle écrivit à la Ducheſſe une lettre très reſpectueuſe, dans laquelle elle ne détailloit rien de la conduite de ſa fille : mais elle ſe plaignoit de ne pouvoir lui être agréable comme d'un malheur ſans remède ; elle la prioit de lui permettre de profiter des bonnes intentions de l'Abbeſſe de Panthemont, pour s'aſſurer un aſyle honnête. Elle la remerçioit de ſes bontés, dans des termes auſſi touchans que reſpectueux.

La Duchesse reçut cette lettre avec une extrême surprise, & comme il étoit nécessaire qu'elle eût une explication avec Mademoiselle de Vaury, elle lui envoya son Carrosse le lendemain, avec ordre de la venir trouver. Mademoiselle de Saint-Pere ne la vit pas partir sans inquiétude, & la fit prier de ne point dire à sa mere jusqu'où elle avoit porté la vivacité. Je ne dirai rien, dit-elle à la gouvernante, si l'on ne m'interroge : mais si Madame la Duchesse me demande la vérité, je lui en rendrai un fidèle compte.

Elle arriva chez la Duchesse qui la reçut avec sa bonté ordinaire. Qu'est-ce donc, ma chere enfant qui vous a fâchée? Et pourquoi voulez vous me dérober le plaisir de vous être utile? A dieu ne plaise, Madame, que je refuse jamais vos bienfaits : mais depuis plusieurs mois que je suis avec Mademoiselle votre fille, j'ai fait en vain tout ce qui a été en mon pouvoir pour lui plaire, je n'ai pas été aſſez heureuſe pour y réuſſir. A quoi avez-vous remarqué, demanda la Ducheſſe, que ma fille ne vous aime point? Hélas! Madame, à tout. Elle ne m'a pas dit un mot qui ne ſoit une injure: il n'a pas tenu à elle que je n'aie paſſé dans tout le Couvent pour une fille de ſervice: elle m'a humiliée cent fois devant ſes femmes, les faiſant manger à ſa table, parce que vous lui aviez dit de me faire cet honneur. Ha! cela paſſe la fantaiſie, interrompit la Ducheſſe; & elle n'en eſt pas venu à cette extrémité ſans.... Le ſilence de Mademoiſelle de Vaury, lui fit penſer plus encore qu'il n'y en avoit. Ne me cachez rien, pourſuivit-elle impatiemment, j'eſpere qu'elle n'en ſera pas venu avec vous à des procédés indécens? Et voyant qu'elle s'obſtinoit à ſe taire, elle lui ordonna avec fermeté de lui dire juſqu'aux moindres propos. A cet ordre, Mademoiſelle de Vaury lui raconta

conta toute la conduite de Mademoiſelle de Saint-Pere avec elle. Bon Dieu! s'écria la Ducheſſe, quel caractère! qui l'eût jamais cru? Mais ſéparées de nos enfans dès leur naiſſance, il n'eſt pas ſurprenant que nous les connoiſſions ſi peu. Il n'eſt pas juſte que vous ſouffriez de ſes défauts; non aſſurément, & j'aurai toujours ſoin de vous; dites à Madame de Panthemont que vous êtes libre, & que votre penſion courra d'aujourd'hui. Mademoiſelle de Vaury, pénétrée de reconnoiſſance & de ſenſibilité, n'exprima ſes ſentimens que par ſes larmes & ſes careſſes: prenant reſpectueuſement une main de la Ducheſſe, elle y appuya ſa bouche, & demeura quelques inſtans dans le ſilence. Cette ſituation auroit duré ſans doute plus long-tems, ſi l'on n'avoit annonçé le Comte de Marſevil, qui parut ſur les pas du valet de chambre.

Mademoiſelle de Vaury ne ſortit de

cette vive émotion, que pour en éprouver une autre au nom & à la vûe du Comte. Etonné de trouver Mademoiselle de Vaury si tendrement, & si familiérement avec la Duchesse, il parut cependant froid & réservé. Il remarqua seulement qu'elle avoit les yeux mouillés. Elle les baissoit pour en dérober la tristesse à un homme qui commençoit à ne lui être pas indifferent. Mon gendre, dit la Duchesse avec des graces infinies, voilà une Demoiselle de condition que j'avois mise auprès de ma fille pour lui tenir compagnie : mais elle veut nous quitter, pour se faire Religieuse. Le Comte, à ces mots, sembla sortir de son indifférence, & donnant un ton animé à ses expressions, il chercha, par un compliment flateur, à se faire remarquer de Mademoiselle de Vaury, qui répondit modestement, mais de façon à donner de l'incertitude sur le parti qu'elle comptoit prendre. Elle comprit les intentions de la Ducheſſe, qui ne vouloit pas qu'on attribuât à l'humeur de ſa fille le chagrin qui ſe remarquoit ſur ſon viſage, ni qu'on pût croire qu'elle ſe ſéparât d'elle, parce qu'elle étoit capable de mauvais procédés. L'on voit que la femme qui penſe le mieux, trompe encore; & qu'un homme ne doit s'en rapporter qu'à lui ſur le choix d'une femme, ou employer tous les moyens pour qu'on ne lui en impoſe point.

Pendant le diner le Comte de Marſevil eut toujours les yeux ſur Mademoiſelle de Vaury; n'étant point en garde contre lui-même, il lui parla comme à une perſonne qu'il avoit déja vûe pluſieurs fois: la Ducheſſe en parut étonnée. Vous connoiſſez donc mon gendre, demanda-t-elle à Mademoiſelle de Vaury? J'ai eu l'honneur de le voir à la grille, repliqua-t-elle. Quand cela, demanda encore la Ducheſſe? Il y a environ un mois. La Ducheſſe rêva à cette réponſe; puis faiſant encore plusieurs questions à Mademoiselle de Vaury, elle changea tout à coup de conversation. On passa dans le sallon; & pendant que le Marquis s'entretenoit avec quelques personnes de la compagnie, elle prit Mademoiselle de Vaury en particulier, & lui demanda encore quelques circonstances de sa rupture avec sa fille. Rentrant ensuite dans le sallon, elle ne lui parla plus de cette querelle.

Mademoiselle de Vaury éprouvoit des mouvemens jusqu'alors inconnus, son cœur se serroit à chaque instant, surtout quand elle songeoit que cet homme à qui elle commençoit à prendre intérêt, alloit être l'époux d'une autre: & de quelle autre encore? D'une fille de qualité, puissamment riche, dont elle ne pouvoit contrebalançer les avantages que par une beauté touchante, des vertus ignorées, & des sentimens pleins de dignité. Le Comte trouva un moment pour s'approcher d'elle,

Eſt-il bien vrai , Mademoiſelle , que vous allez enterrer tant de charmes dans le fond d'un Cloître ? Ma fortune eſt ſi médiocre , reprit Mademoiſelle de Vaury , & j'ai déja eſſuié tant de revers , que ce ſeroit le parti le plus ſage que je puſſe prendre ; mais je ne ſçais , ajouta-t-elle en ſoupirant , ſi j'en aurai le courage ! . . . Ha ! n'en faites rien , Mademoiſelle , interrompit le Comte vivement ; il peut arriver des circonſtances . . . En cet endroit , la Ducheſſe s'approcha. Que vous dit-il , demanda-t-elle ? J'eſſaye de la détourner de ſe faire Religieuſe , répliqua le Comte , avec une vivacité charmante. C'eſt ſouvent , continua la Ducheſſe , le port du bonheur. Vous me permettrez de n'être point de votre avis , reprit le Comte , & de détourner Mademoiſelle d'un deſſein ſi fâcheux : la ſociété perdroit trop , ſi elle s'en ſéparoit.

La Ducheſſe avoit trop de pénétration pour ne pas deviner ce qui ſe paſſoit dans l'ame du Comte : elle y voyoit mieux que lui-même ; mais elle n'en fit aucun ſemblant ; & calculant le jour où il avoit vû pour la premiere fois Mademoiſelle de Vaury, & celui où les mauvais procédés de ſa fille avoient commencé, elle ne douta pas qu'elle ne fût devenue jalouſe de cette Demoiſelle, & que la réconciliation, qu'elle avoit méditée, ne fût impraticable. Ainſi changeant de batterie, elle recommanda à Mademoiſelle de Vaury de ne point ébruïter le différent entre ſa fille & elle, & ſurtout de ne point dire les raiſons qu'elle avoit de s'en ſéparer, Mlle. de Vaury n'avoit point beſoin de cet ordre pour être réſervée : ſon eſprit lui montroit les conſéquences de ſon indiſcrétion : mais les domeſtiques étoient inſtruits ; & la Ducheſſe vit preſque de l'impoſſibilité à tenir cette affaire dans le ſilence. Après avoir donné à Mademoiſelle de Vaury de très bonnes leçons ſur ſa conduite, &

toutes les aſſurances de protection, & de ſecours, en cas qu'elle voulût ſe faire Religieuſe, elle la renvoya à ſon Couvent.

Le Comte lui préſenta la main, qu'elle accepta en rougiſſant, & en regardant la Ducheſſe, la quelle lui ſembla mécontente de cette attention, qui, dans toute autre circonſtance n'eût rien ſignifié. L'émotion de Mademoiſelle de Vaury pouvoit aiſément ſe remarquer : le Comte n'étoit pas plus calme : il la conduiſit à ſon Carroſſe, n'oſant lui dire un mot, à cauſe d'une des femmes de la Ducheſſe qui ſuivoit, & qui avoit ordre de ne la quitter qu'à la porte du Couvent.

Il ſembloit que le ſort de Mademoiſelle de Vaury prît une façe toute nouvelle : protégée de la Ducheſſe, chérie de l'Abbeſſe, elle ne pouvoit manquer; mais l'amour, qui déconcerte les projets les plus ſages, alloit encore déranger toutes ſes eſpérances : ce n'étoit plus cette pauvre fille ſans reſſources, ſans appuis, perſécutée par un pere avare, regardant ſa fuite dans les pays étrangers comme l'unique moyen de ſe tirer de la misère & de l'humiliation; c'eſt une fille charmante, que la vertu ſoutient dans les périls de la ſéduction la plus dangereuſe, qui préfére une misère profonde à l'état le plus brillant ſans honneur. Voilà ſous quel aſpect on doit regarder actuellement Mademoiſelle de Vaury.

Ne ſe ſentant point la force de ſupporter les queſtions de l'Abbeſſe, elle ſe retira dans ſa chambre ſe ſurprenant avec chagrin dans des penſées qui l'inquiétoient, cherchant à les éloigner de ſon eſprit par d'autres qui lui paroiſſoient plus importantes, elle paſſa la ſoirée fort agitée, & envoya la ſœur qui la ſervoit, faire à l'Abbeſſe des excuſes de ce qu'elle ne lui rendoit pas ſes devoirs; elle s'enferma ſous le prétexte qu'elle vouloit ſe coucher:

mais en effet pour écrire à Madame de Vaury.

Le lendemain elle porta une lettre de la Duchesse à l'Abbesse, qui, après l'avoir lue, dit à Mademoiselle de Vaury qu'elle étoit fâchée que Madame de Saint-Pere lui dérobât le plaisir de lui rendre service, qu'elle sauroit bien au moins le partager avec elle: & sur le champ elle ordonna qu'on lui préparât un petit appartement joignant le sien, & qu'on y transportât tout ce qui lui appartenoit, ajoûtant qu'elle ne mangeroit point au Réfectoire, & n'auroit pas d'autre table que la sienne. Après les remercîmens les plus respectueux, Mademoiselle de Vaury se rendit chez Mademoiselle de Saint-Pere, pour s'acquitter des commissions dont la Duchesse l'avoit chargée: elle lui fit un compliment très-honnête; & l'ayant saluée profondement, elle se rendit dans son nouvel appartement.

Son oncle & Madame de Vaury

vinrent la voir. Elle leur raconta les changemens qui venoient d'arriver dans ſa ſituation. Il étoit convenable que ſon oncle, & une perſonne qui paſſoit pour ſa mere, remerciaſſent l'Abbeſſe de ſes bontés. L'Abbé de Ligny ne ſe fit pas prier ; mais Madame de Vaury avoit une extrême répugnance à faire cette démarche, & la remit de jour en jour. L'Abbeſſe reçut l'Abbé avec diſtinction, & lui promit de nouveau de prendre ſoin de ſa niéce : il répondit avec reſpect à tant de bontés ; l'Abbeſſe ignoroit l'état & les facultés de l'Abbé de Ligny ; & ſa niéce, trompée par la différence de nom, ne ſçavoit pas que le Marquis du Frénoy fût le même que le Comte de Marſevil, qui faiſoit l'objet de ſes plus tendres rêveries ; ce qui venoit de cauſer tant de troubles dans la maiſon de Mademoiſelle de Saint-Pere. Il falloit des circonſtances auſſi biſarres pour développer tant de myſtères.

A mesure que Mademoiselle de Vaury laissoit un libre cour à ses sentimens pour le Comte de Marsevil, le dessein de joindre Monsieur de Valcy en Espagne, s'évanouissoit de son esprit. Il y avoit huit jours qu'elle étoit dans son nouvel appartement lorsqu'on lui remit une lettre, dont l'écriture lui étoit inconnue. Elle l'ouvrit sans songer d'où elle pouvoit venir; elle pensa la refermer sans la lire, quand elle reconnut la signature du Comte de Marsevil: la curiosité, un sentiment secret la porterent à lire ce qui suit.

» Comment m'exprimer, Mademoi-
» selle? Le respect que j'ai pour vous,
» voudroit que je cachasse les senti-
» mens que vous m'avez inspirés; mais
» ils sont si violens, que je ne puis
» vous les laisser ignorer sans mourir,
» ou sans commettre des fautes impar-
» donnables. J'ai besoin de vos conseils
» dans la situation où je me trouve;
» c'est pour vous que je manque d'é-

» gards pour une famille puissante ;
» votre sagesse sans doute modéreroit
» des écarts qui me font rougir; mais
» dans lesquels je suis forcé de m'é-
» garer: j'attends votre réponse comme
» une régle pour ma conduite. Dai-
» gnez, je vous conjure, considérer que
» si vous me refusez, je ne réponds pas
» des actions qui pourroient vous com-
» promettre. «

Cette lettre jetta Mademoiselle de Vaury dans un trouble qu'elle n'avoit jamais ressenti. Ne pouvant se déterminer à faire une réponse, elle dit à la Touriere que, si l'on venoit la chercher, elle répondît qu'on pouvoit revenir dans quelques jours ; & prenant ce temps pour consulter Madame de Vaury, elle lui avoua toutes les circonstances de cette aventure, & même les sentimens qu'elle avoit pour le Comte. Cette Dame se trouva fort embarrassée : elle voyoit avec chagrin que Mademoiselle de Vaury étoit éprise d'un homme engagé. Après avoir longtems rêvé, elle choisit le parti le plus sage, & lui conseilla de répondre au Comte, que ses devoirs & les siens éxigeoient qu'il n'eût aucun entretien avec elle, jusqu'à la conclusion de son mariage ; qu'il devoit toute sa tendresse à Mademoiselle de Saint-Pere, & les plus grands égards à la Duchesse sa mere ; que de son côté elle étoit trop pénétrée de reconnoissance, & trop attachée à ses devoirs, pour souffrir des visites qui pouvoient avoir de dangereuses conséquences ; qu'elle le prioit de croire qu'elle recevoit l'aveu de ses sentimens sans colère ; mais avec la plus ferme persuasion que c'étoit un badinage, ou au moins une impression légère, qu'une mûre réflexion effaceroit entiérement.

Il en coûta beaucoup à Mademoiselle de Vaury pour écrire une lettre aussi dure à un homme qui paroissoit de si bonne foi, & qui devenoit si cher à ſon cœur : mais elle devoit cet effort à la reconnoiſſance. Après l'avoir lue une ſeconde fois, & cachetée, elle la remit à la Touriere, pour la donner au domeſtique, qui ne manqua pas de la venir chercher. Trois jours après il voulut en faire paſſer une autre ; la Tourriere la refuſa, par l'ordre de Mademoiſelle de Vaury.

Le Comte déſeſpéré chercha tous les moyens de la voir ou de lui écrire ; il ſe paſſa quelque tems ſans qu'elle entendît parler de lui. Elle eut l'injuſtice de l'accuſer de légéreté. S'il m'aimoit, diſoit-elle, il ne ſe feroit pas rebuté par les obſtacles ; il les eût vaincus : rougiſſant enſuite d'un deſir auſſi peu conſéquent avec ſa conduite, elle prenoit une réſolution de l'oublier, & de ſe conformer aux circonſtances, qui ne lui permettoient rien qui ne fût contraire à ſes intérêts & à ſes devoirs.

Que le Comte étoit loin de mériter

les reproches de Mademoiſelle de Vaury ! il la vengeoit par ſes froideurs pour Mademoiſelle de Saint-Pere, des humiliations qu'elle lui avoit fait eſſuyer. Cette Demoiſelle, perſuadée qu'il alloit être ſon époux, n'avoit point caché les ſentimens de ſon cœur : elle l'aimoit avec cette violence que les perſonnes naturellement tranquilles éprouvent, quand elles prennent de la paſſion pour un objet : bien loin de trouver du retour, elle n'éprouva de la part du Comte de Marſevil que la plus grande indifférence, ſurtout depuis le jour fatal où il avoit vû Mademoiſelle de Vaury chez la Ducheſſe. Bientôt ſa triſteſſe & ſon inquiétude détruiſirent ſa ſanté : elle avoua enfin à ſa mere ce qui cauſoit ſa peine. La Ducheſſe ſe plaignit à Madame de Marſevil des froideurs de ſon fils : ainſi ſans aucun deſſein, Mademoiſelle de Vaury venoit de mettre le trouble dans deux familles illuſtres.

La conduite de la Ducheſſe lui paroiſſoit fort extraordinaire : elle n'en avoit point entendu parler depuis le jour où elle dîna chez-elle avec le Comte ; elle ſçavoit ſeulement de Cécile que Mademoiſelle de Saint-Pere y alloit fort ſouvent, & qu'elle en revenoit toujours triſte & les yeux fatigués. Les diſcours de cette fille attiſoient ſans y penſer un feu qui n'avoit déja que trop d'activité ; car Mademoiſelle de Vaury ne pouvoit plus ſe diſſimuler qu'elle ne fût la cauſe de la froideur du Comte pour Mademoiſelle de Saint-Pere : cette penſée lui donnoit une joie ſecrette, qu'elle ſe reprochoit ſans doute, mais qui n'étoit pas moins blâmable : ſa vanité étoit flattée de voir que le Comte lui ſacrifioit un des plus grands partis de France.

Une Princeſſe étant entrée à Panthemont, le Comte en fut averti ; & ayant pris une ſoutanne de ſon Gouverneur, & mis une perruque blonde ſur ſes cheveux, il entra dans le Couvent à la ſuite de la Princeſſe, uſant du privilége de ces occaſions. Il demanda l'appartement de Mademoiſelle de Vaury qu'on lui indiqua. Il frappa doucement à ſa porte; elle vint ouvrir. Il fut heureux qu'elle ne le reconnût pas d'abord; peut-être que la premiere ſurpriſe lui eût fait commettre une indiſcrétion; mais ſon empreſſement, le ſon de ſa voix lui ouvrirent les yeux. Ha! Monſieur, que faites vous, lui dit-elle, & à quoi m'expoſez vous? A rien, Mademoiſelle, reprit le faux Abbé. Perſonne ne peut me reconnoître ſous cet habit; & je vous réponds de ſortir d'ici ſans qu'on puiſſe jamais ſoupçonner qui je ſuis. La Princeſſe eſt pour long-tems chez l'Abbeſſe; & j'eſpére que vous n'aurez pas l'inhumanité de me priver du bonheur que le haſard me procure. On juge bien de tout ce que le Comte put dire; beaucoup d'amour d'un côté, encore plus de vertu

& de crainte de l'autre, éleverent un combat entre-eux, dont le plus fort triompha. Ce fut le Comte: les sentimens, pour être renfermés, n'en sont que plus tendres, surtout dans les occasions dangereuses. Mademoiselle de Vaury combattit le penchant du Comte, mais ce fut si foiblement, qu'il eût été aisé à un tiers désintéressé de s'appercevoir qu'elle auroit eu bien du chagrin si il lui avoit obéi : elle n'eut que la force suffisante pour lui cacher qu'elle l'aimoit, & pour lui dire qu'elle étoit promise à un autre : cette confidence mit le Comte au désespoir ; il se prosterna aux pieds de Mademoiselle de Vaury, pour la supplier de rompre ce fatal engagement, & lui protester que son mariage avec Mademoiselle de Saint-Pere ne se feroit jamais, s'il pouvoit espérer ..... il alloit continuer, quand il entendit ouvrir la porte. Ayant tourné la tête en se levant, il fut frappé comme d'un coup de foudre, en reconnoiſſant ſon Gouverneur, qui, auſſi troublé d'avoir ſurpris un jeune Abbé aux genoux de ſa niéce, lui demanda en balbutiant ce qu'il faiſoit dans un lieu interdit à ſes ſemblables; Monſieur, reprit le Comte, je vois l'erreur dans laquelle vous jette cet habit; mais je ne ſuis rien moins que de votre état. L'Abbé de Ligny l'ayant conſidéré un moment, le reconnut. Quoi! c'eſt vous, Monſieur, continua-t-il? Et par quel haſard connoiſſez vous ma niéce? Et pourquoi êtes-vous chez-elle ſous ce déguiſement? Quoi! c'eſt votre niéce, demanda le Comte étonné? Dieu! que vous allez m'être cher: & s'avançant pour l'embraſſer, il le tint quelque moment ſerré dans ſes bras.

L'Abbé ne ſçavoit que conjecturer de cette aventure: il fallut s'expliquer; mais bien loin de trouver l'Abbé de Ligny favorable à ſon amour, il lui repréſenta vivement ſes engagemens avec Mademoiſelle de Saint-Pere. Ne croyez pas, ajoûta-t-il, que je me prête à vos intentions pour ma niéce; jamais je ne tromperai la confiance de vos parens. C'eſt donc vous, Mademoiſelle, ajoûta-t-il en la regardant fixement, dont il eſt tant parlé dans le monde? Je ne croyois pas que vous entreteniez Monſieur dans des eſpérances, & des ſentimens qui ne peuvent jamais avoir une fin honnête; vous avez donc oublié vos promeſſes à un homme auquel vous êtes engagé par toutes ſortes de raiſons, qui s'eſt perdu pour vous reſter fidèle? ... Cette derniere repréſentation étoit d'un dangereux exemple pour le Comte. L'Abbé auroit dû la ſupprimer: car les amans profitent de tout ce qui peut excuſer les folies que l'amour leur fait faire.

Mademoiſelle de Vaury étoit reſtée debout, étourdie de tout ce qu'elle entendoit, & ne ſachant à quoi ſe réſoudre. Le tumulte de ſes penſées l'empêchoit de s'expliquer avec ſon oncle, ſur un événement auquel elle n'avoit aucune part. Dans cette perpléxité elle pria le Comte de ſe retirer avec lui & de la juſtifier ; il la ſalua avec l'air du monde le plus touché, & ſortit en menant avec lui l'Abbé de Ligny. Ils n'avoient pas fait dix pas dans le Cloître qu'ils rencontrerent Mademoiſelle de Saint-Pere qui ſortoit de chez l'Abbeſſe, où elle avoit été invitée. L'Abbé de Ligny n'en étoit pas connu ; mais le Comte ne lui échappa point. Son déguiſement ridicule, car il reſſembloit aſſez à un pauvre Prêtre Irlandois, le lui fit remarquer ; elle crut appercevoir les traits du Comte, & l'appella par ſon nom. Il faillit à ſe perdre par ſon embarras : l'Abbé, qui étoit plus de ſang-froid, lui dit tout bas de ne point faire mine d'entendre ; & de gagner la porte promptement : la bienſéance ne permit pas à Mademoiſelle de Saint-Pere de le ſuivre ; & ſon ſaiſiſſement l'empêcha d'envoyer quelques perſonnes après lui. Ainſi il ſortit heureuſement, gagna un Carroſſe de louage qui l'avoit amené, il y monta avec l'Abbé, s'applaudiſſant de cette rare expédition qui alloit cauſer à Mademoiſelle de Vaury les plus grands troubles.

Le Comte ayant ôté ſon rabat & ſa perruque, rentra chez lui ſans être reconnu. L'Abbé ne fut pas plutôt ſeul avec lui, qu'il le blâma, mais avec douceur, de la démarche qu'il venoit de faire. Quelles peuvent être vos intentions, pourſuivit-il ? Avez vous cru que ma niéce pût vous écouter avec décence ? S'il y a de la baſſeſſe à un homme de qualité d'adreſſer ſes vœux à une fille de peu de choſe, il y a de l'indignité à vouloir ſéduire une fille de condition ; ma niéce eſt bonne Demoiſelle, elle a de la vertu : & moi-même j'ai trop de cœur pour me prêter à une intrigue qui ne peut que la déshonorer. Ainſi, Monſieur, ſi vous avez quelque reconnoiſſance des ſoins que je me ſuis donnés depuis trois ans pour vous, ſi l'honneur vous eſt cher, quittez, je vous prie, toute eſpérance de captiver une fille qui ne peut-être à vous par des voies légitimes, dont vous troubleriez peut-être le repos, & empêcheriez l'établiſſement. Je ne vous cacherai pas même que ſon cœur eſt engagé depuis long-tems à un homme qui s'eſt perdu pour elle, & pour lequel elle ne peut trop avoir de reconnoiſſance & de ſenſibilité.

Juſqu'à ce moment le Comte avoit ſouffert patiemment les remontrances de ſon Gouverneur : mais l'aſſurance qu'il lui donnoit que Mademoiſelle de Vaury étoit engagée à un autre, lui cauſa le plus violent déſeſpoir. Eh bien ! Monſieur, puiſqu'il faut que je renonce à votre niéce, je ſçais bien le parti que je prendrai : & vous en ſaurez des nouvelles avant peu. Je ſuis perſuadé, reprit l'Abbé, que vos réſolutions ſeront toujours ſages ; & quoique vous preniez le ton menaçant, j'augure trop de votre raiſon pour craindre rien d'indigne de vous & de vos parents. Vous êtes engagé avec une Demoiſelle de grande qualité : vous avez vous même conſenti volontairement à l'union qu'on vous a propoſée avec elle : vous devez remplir vos engagemens. Quand j'ai conſenti, répliqua le Comte, à ce mariage, j'étois libre de mon cœur & de mes affections ; je n'avois pas vû votre niéce. Vous deviez la regarder comme une perſonne qui n'étoit point faite pour vous, reprit l'Abbé. Pourquoi, continua le Comte ? Je ne vois pas que je doive le ſacrifice de mon bonheur & de ma liberté à mes proches. Ils veulent me marier à une perſonne pour laquelle je n'ai jamais eu que de l'indifférence, qui m'eſt devenue inſupportable depuis que j'aime votre niéce, que je ne pourrois que rendre malheureuſe dans les diſpoſitions

positions où je me trouve : mais, ajoûta-t-il, d'un ton furieux, je saurai m'affranchir d'une si dure contrainte.

L'Abbé de Ligny avoit de l'esprit, beaucoup de probité, & aimoit le Comte avec tendresse. Il fut allarmé de l'état violent dans lequel il le voyoit. Après avoir essayé inutilement de tirer de lui l'aveu de ses desseins, il le laissa pour passer dans l'appartement de la Marquise de Marsevil. Vous voilà lui dit-elle, fort à propos ; je vous ai fait chercher pour raisonner sur la maniére dont il faut que je me gouverne avec mon fils ; il se comporte depuis quelque tems comme un étourdi, & sa conduite me donne du chagrin. Madame, reprit l'Abbé assez embarrassé, Monsieur votre fils m'a paru avoir d'heureuses dispositions ; mais je vous avouerai que, depuis quelque tems, j'ai peine à le reconnoître. Je sçais d'où cela provient, répliqua la Marquise : il est devenu amoureux d'une petite fille à la charité de la Ducheſſe de Saint-Pere. Arrêtez, Madame, interrompit l'Abbé, cette petite fille dont vous parlez eſt ma niéce ; elle eſt bonne Demoiſelle, & n'a jamais été à la charité de perſonne. Votre niéce, Monſieur, votre niéce, dit Madame de Marſevil toute interdite ! Et comment n'avez-vous pas empêché que mon fils prît un fol entêtement pour elle ? Si j'avois pu prevoir, continua l'Abbé, qu'il prît cet attachement, comme ſes ſentimens ne l'honorent point, & qu'ils ſont contraires à vos arrangemens, je me ſerois oppoſé ſans doute à leur progrès ; mais je n'en ſuis inſtruit que depuis environ trois heures ; & je ſors d'avec lui pour venir vous apprendre qu'il menace beaucoup, depuis que je lui ai dit que ma niéce étoit engagée avec un autre, & qu'elle ne peut-être à lui par toutes ſortes de raiſons. Voilà d'étranges choſes que vous me dites, continua la Marquiſe. Comment avez-vous pu ignorer que votre niéce eût captivé mon fils ? Je ſçais, Madame, pourſuivit l'Abbé, que les parens rendent ſouvent reſponſables des défauts de leurs enfans, les perſonnes commiſes à leur éducation. Quelqu'injuſtice qu'il y ait dans cette prévention, elle ne peut pas me regarder, puiſque je n'ai point élevé votre fils, & que depuis trois ans que vous l'avez confié à mes ſoins, je n'ai rien à me reprocher : j'ai veillé ſur lui comme le plus tendre pére; ceci ne me regarde plus : c'eſt un jeune homme dont les paſſions ſe font ſentir dans toute leur violence. Ce n'eſt ni par moi qu'il a connu ma niéce, ni ce ne ſera jamais de mon conſentement qu'il la verra. Voyez, Madame, ce que votre prudence vous preſcrira dans une occaſion auſſi délicate, & où il y va peut-être de la conſervation d'un fils tendrement chéri; car je vous avoue que ſes réſolutions me font trembler : il m'a paru méditer quelques démarches extraordinaires. J'ai fait mon devoir ; souffrez que je me retire . . . Non, mon cher Abbé, s'écria la Marquise ; vous ne nous quitterez pas dans des momens où vous nous êtes le plus nécessaire ; retournez auprès de mon fils ; & tachez, par vos conseils, de le ramener à la raison. Je veux ignorer ses folies : ne lui parlez pas de ce qui vient d'être dit entre nous : mais surtout ne le quittez pas.

L'Abbé se retira dans son appartement : il retrouva le Comte à la même place où il l'avoit laissé, & remarqua sur son visage beaucoup d'altération. Après s'être approché de lui, il lui prit la main. Eh bien ! dit-il, mon cher Comte, qu'est devenue la confiance que vous aviez en moi ? Par où ai-je mérité de la perdre ? Je ne vous l'ai point ôtée, reprit le Comte. C'est vous qui ne m'aimez plus, & qui cherchez à me désespérer. Que vous me connoissez mal, continua l'Abbé ! Devez-vous croire que je puiſſe approuver la conduite que vous tenez vis-à-vis de Mademoiſelle de Saint-Pere ? Dites-moi franchement; ſi vous étiez à ma place, que feriez vous ? Le Comte le regarda. Que voulez-vous que je vous diſe, répliqua-t-il ? Je ne vois aucun reméde aux tourmens que j'endure. C'eſt vous qui n'en voulez pas trouver, continua l'Abbé. Le Comte fit un ſourire amer, & ne répondit rien. L'Abbé voulut l'engager de paroître au ſouper, mais inutilement : il ſe fit apporter un bouillon, & ſe coucha, le priant d'empêcher que perſonne ne vînt dans ſa chambre, & de dire qu'il avoit beſoin de repos.

Si le Comte de Marſevil étoit dans le trouble, Mademoiſelle de Saint-Pere & Mademoiſelle de Vaury n'étoient pas plus tranquilles : cette premiere conſulta ſa gouvernante, pour ſçavoir ce qu'elle devoit faire. Cette femme ne pouvoit donner que des conſeils conformes à la baſſeſſe de ſon âme. Bien loin de calmer les inquiétudes de Mademoiſelle de Saint-Pere, elle ne chercha qu'à les augmenter, courut s'informer à la Touriere ſi elle n'avoit pas vu un jeune Abbé qui étoit entré dans le Couvent à la ſuite de la Princeſſe; ſoit que la Religieuſe ne l'eût pas remarqué, où qu'elle ne daignât pas répondre aux queſtions de cette femme, elle la renvoya fort mécontente de ſes réponſes : mais ſe croyant beaucoup de pénétration, elle fut du même pas chez Mademoiſelle de Vaury, ſous le prétexte de ſçavoir pourquoi elle n'avoit paru qu'un moment au nombre des penſionnaires. Après lui avoir parlé de la Princeſſe, elle lui demanda bruſquement ſi elle n'avoit pas remarqué un jeune Abbé qui reſſembloit beaucoup au Comte de Marſevil. Mademoiſelle de Vaury, qui n'étoit point en garde contre une pareille queſtion, rougit extrêmement, & s'embarraſſa à tel point que la gouvernante fut convaincue que Mademoiſelle de Saint-Pere ne s'étoit point trompée. Eh mais, ma chère, dit-elle d'un ton familier, c'eſt fort mal de venir débaucher le prétendu de Mademoiſelle : vous-êtes bien ingrate ! ce n'eſt aſſurément que pour la bagatelle, & il vous plantera-là après. La groſſiéreté de cette femme indigna Mademoiſelle de Vaury à tel point qu'elle lui ordonna d'un ton impérieux de ſortir de ſa chambre. Cette femme ne ſe le fit pas dire deux fois ; courut triomphante raconter à ſa maitreſſe le ſuccès de ſon effronterie, & lui enfonça par ce recit le poignard dans le ſein.

Cette circonſtance devoit naturellement déſeſpérer Mademoiſelle de Vaury ; mais ſon cœur étoit touché. Elle ne voyoit plus de malheur, avec la certitude d'être aimée : & n'eût pas changé ſon ſort avec celui de Mademoiſelle de Saint-Pere, après les aſſurances d'amour qu'elle venoit de recevoir du Comte ; paſſion biſarre & charmante, qui ſemble dédommager de tous les chagrins qui lui ſont étrangers. La réfléxion cependant lui donna des allarmes ; elle avoit vû ſon oncle très-oppoſé aux ſentimens du Comte ; & elle ne ſçavoit ce qu'elle devoit eſpérer, ni à quoi ſe déterminer ſur la conduite qu'elle devoit tenir avec l'un & l'autre. La Ducheſſe ne lui avoit donné aucune de ſes nouvelles depuis le jour où elle avoit diné chez-elle avec le Comte ; elle craignoit que l'on n'indiſpoſât l'Abbeſſe, & qu'elle ne fût obligée de quitter le Couvent pour paſſer dans un autre, ſans ſavoir même ſi les fa ultés de ſon oncle lui permettroient de reſter dans un de ceux de Paris, dont les penſions étoient très-hautes. Elle ne pouvoit ſe décider à retourner chez Madame de Vaury après avoir gouté de la vie aiſée du Couvent, & d'une ſorte de liberté intérieure, qui lui rendoit ſa ſituation fort douce, n'ayant à rendre compte de ses pensées à personne, aimant le travail & la lecture, cherchant autant la solitude que les autres personnes de son âge la fuient. Sa mere l'avoit presqu'oubliée : à peine lui écrivoit-elle une fois tous les six mois, ne lui envoyant qu'à regret la somme très-modique qu'elle s'étoit engagée de lui donner. Ainsi toutes ses ressources étoient dans son oncle, qui pouvoit l'abandonner, s'il n'étoit pas content de son obéissance.

Dans cette perpléxité elle se confia encore à Madame de Vaury, à qui elle avoua l'inclination naissante qu'elle se sentoit pour le Comte de Marsevil. Cette Dame qu'une longue expérience éclairoit sur les dangers qu'elle couroit, lui mit sous les yeux tout ce que sa prudence lui suggéra, pour la guérir d'une passion qui ne pouvoit encore avoir fait de grands progrès : mais celle du Comte étoit trop violente pour laisser prendre à Mademoiselle de Vaury des résolutions sages, encore moins pour lui donner le tems de les suivre. Jusqu'à ce moment elle n'avoit éprouvé que des malheurs qu'elle n'avoit pas mérités : sa consolation avoit toujours été en elle même : mais alors elle eut à soutenir avec la raison des combats qui commencerent son chagrin ; en se livrant à son penchant, elle se faisoit de puissans ennemis : on l'accuseroit d'avoir mis le trouble, d'être cause d'un affront sanglant fait à une Demoiselle de qualité, dont la famille s'en vengeroit d'une maniere proportionnée au tort qu'elle croiroit en recevoir. Les hommes sont injustes, continua-t-elle, surtout quand il est question de notre sexe : tout le blâme retombe sur nous. On ne considére pas si les folies qu'une femme occasionne, sont l'effet de ses charmes, ou si c'est celui de ses conseils ou de sa mauvaise conduite.

Pendant que Mademoiselle de Vaury faiſoit ces réfléxions, ſon cœur ſe preſſoit; jamais elle n'avoit ſenti plus vivement la fatalité de ſon état. Sa médiocrité lui avoit fait peu de peine juſqu'alors : n'étant point accoutumée à jouir des avantages de la fortune, elle n'en avoit pas encore regardé la privation comme un malheur : mais dans ce moment toutes les circonſtances de ſa vie ſe retracerent à ſa mémoire, & ne lui montrerent que l'impoſſibilité de réuſſir dans les projets que ſon cœur avoit formés. Quelle apparence qu'une fille abandonnée de ſes parents, ſans protection, ſans biens, obligée même à cacher de qui elle tient le jour, puiſſe devenir légitimement la femme d'un homme de qualité, riche, jeune, aimable, qui ne pouvoit diſpoſer de lui, ſans l'aveu de ſes proches?

Ces réfléxions l'avoient conduite fort avant dans la ſoirée. Elle avoit coutume de ſe rendre de bonne heure chez l'Abbeſſe, où il ſe formoit une petite cour des perſonnes que cette Princeſſe avoit choiſies pour ſa ſociété ; ne voyant point arriver Mademoiſelle de Vaury, on l'envoya chercher : elle dit qu'elle s'étoit trouvé incommodée, & qu'on l'obligeroit de la laiſſer répoſer. Ayant fait une légére collation, la ſœur qui la ſervoit ſe retira, & alla rendre compte à l'Abbeſſe de ce que Mademoiſelle de Vaury lui avoit dit.

Elle n'avoit pas dormi de la nuit, & elle commençoit à s'aſſoupir, quand la ſœur entra dans ſa chambre. Cette fille la trouva ſi abattue, qu'elle la crut malade ſérieuſement. Bientôt ce bruit ſe répandit dans le Couvent : Mademoiſelle de Saint-Pere le ſçut des premiéres, & fit des vœux pour que cette maladie la retînt long-tems au lit ; mais Mademoiſelle de Vaury, qui n'étoit que triſte des efforts qu'elle étoit obligée de faire pour renonçer au Comte, fut bientôt en état de ſortir de ſa chambre.

L'Abbeſſe ne lui dit rien d'inquiétant dans la premiere viſite : mais un jour la prenant dans ſon Oratoire, elle lui parla ainſi. Ma chère fille, je vous aime ; & aſſurement vous le méritez ; il faut en revanche que vous ayez un peu de confiance en moi, & que vous me parliez avec ſincérité. Mademoiſelle de Vaury attendoit en ſilence à quoi ce préambule aboutiroit. La Ducheſſe de Saint-Pere, continua l'Abbeſſe, m'a beaucoup entretenue de vous, & m'en a parlé avec bonté ; elle paroit fâchée, & je ne crois pas que vous puiſſiez facilement la faire revenir de la prévention où elle eſt ſur votre compte : elle prétend que vous entretenez un commerce de lettres avec un homme qui doit être ſon gendre, & que vous le détournez de conclure ſon mariage avec ſa fille. J'ai peine à ajoûter foi à de pareils propos ; dites-moi cependant ce qui peut y avoir donné lieu, afin que je vous juſtifie dans ſon eſprit. La jalouſie de Mademoiſelle de Saint-Pere, répondit impatiemment Mademoiſelle de Vaury, eſt l'unique cauſe de tous les bruits dont vous parlez, Madame : mais bien loin d'être de moitié dans la négligence de Monſieur de Marſevil ſur ſon mariage avec Mademoiſelle de Saint-Pere, je l'ai preſſé de s'acquitter de tout ce qu'il ſe doit à lui-même, & à la famille qu'il a trouvé digne de ſon alliance. Il ne m'eſt pas échappé une ſeule plainte contre Mademoiſelle de Saint-Pere, malgré tous les ſujets qui m'auroient excuſée d'en parler mal.

Votre réponſe eſt ſi naturelle, reprit l'Abbeſſe, elle marque tant de ſageſſe & de généroſité, que je ne balançe point à vous croire, & à prendre votre parti contre des gens mal intentionnés, qui veulent vous nuire : j'eſpere, ma chere enfant, que je ne me repentirai point de ma condeſcendance. Mademoiſelle de Vaury, dont l'ame étoit ſenſible, & qui ſaiſiſſoit vivement les beaux procédés, pénétrée de reſpect & de reconnoiſſance pour l'Abbeſſe, la remercia dans les termes les plus touchans, & la pria de lui conſerver ſes bontés. L'Abbeſſe lui inſinua adroitement que, pour raſſurer tant de gens allarmés, elle n'avoit qu'un moyen, qui étoit de prendre le voile de novice. Mademoiſelle de Vaury ne lui laiſſa pas d'incertitude là-deſſus: & lui dit que ſa foi étoit engagée à un homme qui lui étoit aſſorti de toute maniére, que l'inclination qu'il avoit pour elle, l'avoit perdu de fortune & d'eſpérances; qu'étant paſſé au ſervice d'Eſpagne par la ſuite d'un differend, dont elle étoit cauſe, elle en avoit depuis peu reçu des inſtances de partir inceſſamment; qu'elle n'attendoit qu'une occaſion décente pour aller remplir ſes engagemens.

Ce diſcours naturel étonna l'Abbeſſe, & la refroidit tout à coup pour Mademoiſelle de Vaury, à qui elle dit qu'aiant toujours penſé que ſon inclination étoit libre, & que le choix du Couvent dépendoit de ſa volonté, elle avoit eu deſſein de lui rendre ſervice; mais que, puiſqu'elle ne ſongeoit qu'à la quitter, elle alloit faire en ſorte de ne point prendre pour elle une amitié aſſez forte pour avoir des regrets de leur ſéparation. Mademoiſelle de Vaury ſentit la faute qu'elle avoit faite; elle ne connoiſſoit ni le monde, ni les femmes en général, ni le peu de fond qu'on devoit faire en particulier ſur les Religieuſes, qui n'ayant pas de diſtractions dans leurs affections, ſont bien plus piquées que d'autres quand elles ſont trompées dans leur choix. Elle éprouva dès le jour ſuivant qu'on ne doit point ouvrir ſon cœur, ſans ſçavoir avant à qui l'on ſe confie. L'Abbeſſe lui adreſſa peu la parole le reſte de la journée: au lieu de lui ſourire, de badiner avec elle, de l'inviter au caffé, aux promenades, aux lectures particulieres, comme elle faisoit auparavent, elle vit qu'une autre la remplaçoit dans les bonnes graces de l'Abbesse, & qu'elle avoit perdu, par une confidence inutile, un état fort doux, qu'elle eût conservé avec un peu d'adresse : mais il étoit dans sa destinée de se brouiller avec cette Princesse, qui l'eût sans doute empêchée de se livrer à une passion, qui devoit causer les événemens les plus singuliers.

Huit jours après on lui signifia qu'on avoit besoin de son appartement : on lui donna une seule chambre fort éloignée, & très incommode, où elle s'arrangea sans murmurer, s'attendant de quitter bientôt le Couvent, faute de pouvoir payer une assez grosse pension : mais la Duchesse de Saint-Pere, qui craignoit que changeant de demeure, ou retournant chez Madame de Vaury, elle ne vît le Comte librement, convint avec l'Abbesse de la garder à Panthemont, & d'éclairer de près toutes ſes demarches. Mademoiſelle de Vaury voyant que l'on ne lui diſoit rien, conſulta ſon amie pour ſçavoir ce qu'elle devoit penſer de cette conduite, & ce qu'elle devoit faire. Madame de Vaury, qui avoit eſſuyé beaucoup de chagrins par rapport à elle, craignoit encore de s'en charger. Elle connoiſſoit ſa vertu : mais ſon penchant pour le Comte l'effrayoit. La trouvant beaucoup mieux dans le Couvent que chez elle, elle lui conſeilla de reſter tranquille juſqu'au moment où elle ſe détermineroit d'aller trouver Monſieur de Valcy en Eſpagne.

Mademoiſelle de Vaury s'étoit toujours ſi bien trouvée de ſes conſeils, qu'elle réſolut d'attendre l'événement ; ſon mariage avec Monſieur de Valcy lui paroiſſoit fort éloigné, à cauſe de la guerre, & du peu de ſureté qu'il y avoit pour une femme de quitter la France : & malgré les continuelles aſſurances de tendreſſe & de fidèlité qu'elle recevoit de cet amant, elle ne s'inquiétoit plus de ſon voyage. Les réponſes qu'elle lui faiſoit étoient éxactes; elle lui faiſoit juſqu'au moindre détail de ſa ſituation, & hors les ſentimens qu'elle avoit inſpirés au Comte de Marſevil, & ceux qu'elle avoit pour lui, elle ne lui cachoit rien; le changement de ſon état fut rejetté ſur les caprices de Mademoiſelle de Saint-Pere; & le refroidiſſement de l'Abbeſſe, ſur le refus qu'elle avoit fait de prendre le voile. Monſieur de Valcy, qui la croyoit en ſûreté, dans le Couvent, contre les attaques de ſes rivaux, l'exhortoit à patienter juſqu'au moment où elle pourroit ſans riſque le venir joindre; il vivoit en Eſpagne avec la douce perſuaſion qu'il en étoit aimé, & avec l'eſpérance d'être un jour ſon époux. Il reçut la nouvelle de la mort de ſon pere: cet événement devoit le mettre en liberté de ſuivre ſon penchant; mais ſon beau-frere avoit fait faire au Vieillard un teſtament, par lequel il l'inſtituoit ſon légataire univerſel. Monſieur de Valcy n'étoit pas en poſition de former un procès ; il fit agir ſes amis pour obtenir des lettres de grace, afin de travailler lui-même à défendre ſes intérêts, & épouſer Mademoiſelle de Vaury : peut-être ſeroit-il venu en peu de tems à bout de ſes deſſeins, ſans le Préſident, qui ruinoit toutes ſes tentatives. Monſieur de Valcy redemanda au moins le bien de ſa mere qu'on ne pouvoit lui refuſer. Ces affaires devinrent de longue diſcuſſion, & donnerent le tems à la Ducheſſe de faire jouer des reſſorts pour éloigner Mademoiſelle de Vaury des occaſions de voir le Comte de Marſevil.

Monſieur de Valcy eut bientôt la ſatisfaction de reparer tous les malheurs de ſon amante & de récompenſer ſes vertus. Le ſentiment d'être utile aux malheureux, eſt bien doux aſſurément;

mais il eſt délicieux de pouvoir combler de biens ce qu'on aime. Cette penſée mériteroit une explication, ſi l'on pouvoit imaginer que de ſe ruiner pour une femme vicieuſe, fût une belle action; mais ce n'eſt pas de ces folies trop fréquentes que j'entends parler: elles déshonorent autant les hommes qui les font, que les femmes pour leſquelles ils dérangent leur fortune, s'il étoit poſſible d'augmenter la honte d'une femme payée de ſon dérèglement.

Les différends de la Maiſon de France avec celle d'Autriche, pour la Couronne d'Eſpagne, avoient allumé le feu de la guerre dans ce Royaume, & Monſieur de Valcy, obligé de fuir ſa patrie, ne tarda pas à y trouver de l'emploi, & même à s'y diſtinguer: il recevoit ſouvent des nouvelles de Mademoiſelle de Vaury; les aſſurances qu'elle lui donnoit de ſon amitié & de ſa conſtance, le dédommageoient des peines de l'absence, & lui faisoient attendre moins impatiemment le tems où elle viendroit mettre le comble à son bonheur : l'habitude qu'elle avoit prise de le regarder comme devant être son mari, la reconnoissance, le mérite de Monsieur de Valcy, tout le lui rendoit cher : mais le tendre intérêt qu'elle prenoit au Comte de Marsevil, lui faisoit envisager son voyage d'Espagne avec effroi, ne pouvant même songer sans chagrin aux engagemens qu'elle avoit avec Monsieur de Valcy. En reconnoissant ses obligations, son cœur se révoltoit contre le dessein de les remplir; enfin son éloignement, qui avoit fait un an auparavant son supplice, devenoit le sujet de sa tranquillité. Sans négliger de lui écrire, elle trouvoit toujours des prétextes pour retarder son voyage. Comme elle n'avoit point changé de sentiment, le ton de ses lettres étoit le même : ainsi Monsieur de Valcy, persuadé qu'il étoit aimé, ne ſongeoit qu'au moment fortuné où il reverroit cette fille ſi fidèlement adorée. Il chargea cet ami, qui l'avoit toujours ſi bien ſervi de la voir, de la preſſer de hâter ſon voyage, & de lui fournir tous les fonds néceſſaires : il vint au Couvent, lui montra les lettres de Monſieur de Valcy, & s'offrit à remplir ſes intentions; elle le remercia, en lui diſant qu'elle ne pouvoit ſans ſon oncle entreprendre un voyage auſſi dangereux, qui pouvoit être interprêté malignement, dans les circonſtances préſentes. L'ami de Monſieur de Valcy s'apperçut, au travers des maniéres affectueuſes de Mademoiſelle de Vaury, que ſon cœur n'étoit point touché : il ſoupira, en ſongeant aux chagrins qu'elle préparoit au plus tendre & au plus fidèle de tous les hommes; mais il n'eut garde de le tirer d'une erreur qui faiſoit ſa félicité.

Pendant que Mademoiſelle de Vaury vivoit aſſez tranquille dans ſon Couvent, il s'élevoit un orage ſur ſa tête, qu'elle étoit bien loin de prévoir & d'éviter. L'Abbé de Ligny, entraîné par les perſuaſions & les craintes de la Marquiſe de Marſevil, ſe détermina à conduire ſa niéce en Eſpagne, & à la marier à Monſieur de Valcy, pour ôter toute eſpérance au jeune Comte, & le débarraſſer de tous les ſoins qu'elle lui donnoit. Son intention étoit honnête : mais les moyens dont il ſe ſervit, ne l'étoient pas ; il eſt vrai qu'il ne la croyoit point épriſe de Monſieur de Marſevil, & s'imaginiot que l'ambition ſeule le lui faiſoit préférer à un homme auquel elle étoit attachée depuis longtems. Il ne balança pas, & ne communiqua ſon projet qu'à la Marquiſe, qui le ſaiſit comme le meilleur reméde pour guérir ſon fils, & loua l'Abbé de ſon zèle, lui promettant une grande reconnoiſſance pour ce ſervice important.

Le

Le plus difficile reſtoit à faire ; il falloit déterminer ſa niece à ce voyage. Madame de Vaury qui devoit l'accompagner, & la remettre entre les mains de ſon époux, n'étoit point encore dans la confidence. L'Abbé de Ligny la conſulta, & lui expliqua tout le myſtere. Surpriſe de ce bruſque deſſein, & ne voulant pas trahir la confiance de Mademoiſelle de Vaury, elle lui montra qu'il n'étoit pas convenable d'expoſer une fille aimable, dans un pays couvert de troupes, au danger d'être enlevée par quelque parti ennemi, & peut-être perdue ſans retour. Cette idée effraya l'Abbé à un tel point, qu'il changea de réſolution, & promit à Madame de Vaury qu'il ne ſongeroit pas ſitôt à leur faire faire ce voyage ; mais il ne connoiſſoit pas ſon foible ; & il eut plus de peur de perdre ſa fortune, en déſobligeant la Marquiſe de Marſevil, que de hazarder ſa niece au milieu d'une armée.

Ayant fait part à la Marquiſe des terreurs de Madame de Vaury, cette Dame le raſſura, en leur promettant de pourvoir à leur ſureté : en effet elle obtint des paſſeports, & des eſcortes ſuffiſantes pour les garantir de toutes inſultes. Prévenez, ajoûta-t-elle, votre niece, que je lui ſçaurai beaucoup de gré de la diligence qu'elle apportera à ſon départ, & qu'elle aura lieu de ſe louer de ma reconnoiſſance & de mes ſervices.

Pendant que la Marquiſe & l'Abbé de Ligny formoient des complots contre les inclinations & la tranquillité de Mademoiſelle de Vaury, le Comte de Marſevil cherchoit tous les moyens de la voir : il avoit tenté pluſieurs déguiſemens ; mais s'appercevant qu'on l'obſervoit de près, il craignit de la compromettre. Mourant d'amour & d'impatience, il s'avisa d'écrite à Cécile, femme de chambre de Mademoiselle de Saint - Pere, qu'il avoit à lui parler pour une affaire importante : il avoit reconnu à cette fille un esprit intriguant, peu de goût pour sa Maitresse, & beaucoup d'inclination pour Mademoiselle de Vaury : il jugea qu'en l'intéressant par ses libéralités, personne n'étoit plus à portée qu'elle de lui procurer la satisfaction qu'il en attendoit. Que la passion est ingénieuse ! tout réussit au gré du Comte. Cécile lui donna un rendez-vous ; cela lui étoit facile, sortant très-souvent du Couvent pour les emplettes de Mlle. de Saint-Pere, qu'elle trahit sans scrupule, en se prêtant au tendre commerce du Comte avec Mademoiselle de Vaury. Elle commença par se charger d'une lettre pour elle, & lui faire le récit de tout ce que cette Damoiselle avoit eu à souffrir des caprices de Mademoiſelle de Saint-Pere. Ce n'étoit pas le moyen de l'enflammer pour elle, & de le détacher de Mademoiſelle de Vaury. Il fut inutile de recommander le ſecret à Cécile ; elle y étoit trop intéreſſée : ainſi elle retourna au Couvent fort ſatisfaite d'entrer dans la confidence du Comte, & déterminée à le ſervir avec zele & diſcrétion.

Depuis que Mademoiſelle de Vaury étoit brouillée avec l'Abbeſſe, elle mangeoit au réfectoire, & ſe retiroit ordinairement de fort bonne heure dans ſa chambre. Il étoit environ dix heures, lorſqu'on vint frapper doucement à ſa porte. Elle ouvrit, & fut fort ſurpriſe de voir Cécile ſans lumiere, qui lui dit myſterieuſement de fermer ſa porte. Je viens, continua cette fille, vous apprendre d'étranges choſes. Commencez, Mademoiſelle, par me promettre beaucoup de diſcrétion ; car, pour vous obliger, je trahis Mademoiſelle de Saint-Pere dans ce qu'elle a de plus cher: Enſuite lui montrant la lettre du Comte : voilà, continua-t-elle, ce que l'on m'a chargée de vous remettre. Mademoiſelle de Vaury fit beaucoup de difficultés de prendre cette lettre ; mais Cécile la mettant ſur ſa table, s'enfuit en diſant qu'elle lui en apprendroit d'avantage une autre fois.

Que falloit-il faire ? Déchirer la lettre ſans la lire ? On ne l'auroit pas cru. La rendre cachetée à Cécile ? Toutes ces choſes ne ſont pas dans la nature, ni dans l'effet des paſſions. La curioſité, la foibleſſe, tout enfin engagea Mlle. de Vaury d'ouvrir la lettre, & de la lire avec la plus vive émotion ; enſuite elle la relut & en conſidera tous les termes, en formant cependant la réſolution de ne point y répondre ; mais qui ſçait où une lettre paſſionnée peut conduire ? Celle du Comte étoit ſi touchante dans le commencement, si forte dans le milieu, si effrayante à la fin, que son cœur ne put résister à donner au moins une marque de sensibilité à un homme si passionné : elle prit la plume d'une main tremblant, & lui écrivit de ne plus l'aimer; & que, si l'assurance de n'être point haî pouvoit contribuer à son bonheur, elle pouvoit lui jurer qu'il seroit pleinement heureux.

Cette lettre disoit beaucoup plus que Mlle. de Vaury ne vouloit ; mais rien n'est si embarrassant que d'écrire pour la premiere fois à un amant aimé. Cécile, qui étoit plus instruite, vint avec assurance demander une réponse ; & Mlle. de Vaury la lui donna sans oser lui faire de questions, & d'un air si troublé, que cette fille conçut de grandes espérances pour le Comte, à qui elle ne voulut pas faire part de ses remarques, pour lui faire valoir davantage ses services. Cette réserve étoit inutile : la lettre qu'elle lui remit en disoit plus qu'elle n'auroit pû lui en apprendre. Sûr de plaire, il écrivît encore : Mademoiselle de Vaury refusa dabord de répondre à cette seconde lettre : mais l'ayant bien examinée, elle trouva qu'il y avoit quelques articles obscurs, & qu'il étoit bon d'éclaircir. Le Comte continua ses lettres : dans une il se plaignit de sa cruauté avec tant de chaleur ; il la menaça avec tant de résolution de se porter à des extravagances pour la voir, que la crainte d'être compromise une seconde fois fit qu'elle lui écrivit encore, afin de le conjurer de ne rien hazarder pour se procurer une entrevue qui ne pouvoit avoir que des suites funestes à son repos & à sa réputation ; qu'elle ne consentiroit jamais à des démarches qu'elle croyoit inutiles & fort inconsidérées.

Quelques jours se passerent sans qu'elle reçût aucunes nouvelles du

Comte ; elle commençoit à croire que les difficultés de réussir lui avoient fait prendre le parti d'attendre une occasion favorable, qu'il ne trouveroit peut-être jamais. Cette pensée la chagrina : elle l'accusoit déjà d'inconstance, quand un matin on la demanda au parloir de la part de Madame de Vaury. Elle y courut, dans l'inquiétude qu'elle ne fût malade, ne soupçonnant rien de ce qui devoit lui arriver. Le parloir étoit obscur ; elle ne vit d'abord qu'une espece de servante, vêtue en paysanne, qui lui donna une lettre dont elle reconnut l'écriture pour celle du Comte. Elle regarda la personne qui la lui avoit apportée. On ne sauroit exprimer sa surprise & son saisissement, en reconnoissant, au travers de cet ajustement grossier, les traits du Comte de Marsevil. Il falloit les yeux d'une amante pour le reconnoître, tant il étoit différent de lui-même. Il quitta bientôt le dessein de se retirer ; son amour s'expliquoit avec tant de vivacité ; elle avoit tant de plaisir à le voir & à l'entendre sous ce déguisement, qu'elle oublia l'heure ; plusieurs personnes s'étoient présentées pour entrer dans le parloir. Comme il étoit public, ils songerent sérieusement à se séparer. Si le Comte n'en remporta pas la certitude d'être aimé, il conçut au moins de grandes espérances.

Pendant qu'il songeoit encore aux moyens de revoir Mademoiselle de Vaury, elle reçut la visite de son oncle : après quelques propos vagues & indifferens, il lui demanda si elle ne songeoit point à joindre M. de Valcy ? Surprise de cette question, l'ayant vû quelques mois auparavant très éloigné de cette démarche, la détourner même de ce dessein, elle ne lui répondit que par l'inconséquence de sa demande. L'Abbé un peu embarrassé, lui répliqua qu'il avoit cru que la Ducheſſe de St.-Pere auroit pris ſoin de ſa fortune; mais qu'après avoir eu le malheur de lui déplaire, il ne voyoit pour elle que le parti honnête de ſe marier à M. de Valcy; que ſon obéiſſance dans cette occaſion prouveroit à la Ducheſſe & à Madame de Marſevil qu'elle n'avoit aucune part aux extravagances du Comte, & que de cette réconciliation il réſulteroit beaucoup de bien pour elle & pour ſon mari.

Comme elle ne donna d'autres raiſons de ſon refus que celles que Madame de Vaury avoit alleguées, l'Abbé qui s'y étoit attendu, avoit ſes réponſes prêtes: il lui dit ce que la Marquiſe lui avoit promis. Au moins, reprit Mademoiſelle de Vaury, laiſſez-moi le tems de me déterminer à cette démarche. J'ai cru, répondit l'Abbé, que vous recevriez cette propoſition avec plaiſir. Que ſignifie cette douleur que je vois peinte ſur votre viſage ? Je vous ai vu empreſſée à donner la main à cet amant, lorſqu'il n'avoit rien à vous offrir que des calamités : aujourd'hui qu'il va jouir d'une fortune honnête, que vous avez l'eſpérance de le voir rappellé par le crédit de mes amis, vous ſemblez avoir la plus grande répugnance à former cet engagement. Parlez, ma chere niece ; dites-moi ſans déguiſement ce que ſignifie votre changement ? Rien, mon oncle, reprit Mademoiſelle de Vaury : j'ai toujours les mêmes ſentimens pour M. de Valcy : mais puiſqu'on me flatte d'obtenir ſa grace, & de le voir revenir en France, j'aimerois mieux attendre ſon retour, que de m'expoſer aux haſards d'un long & périlleux voyage.

L'Abbé n'ayant que de foibles raiſons à oppoſer aux terreurs de ſa niece, ſe retrancha ſur ce que, le Comte de Marſevil ſe mariant dans peu, il prendroit le tems de ſon mariage pour la conduire en Eſpagne. A ce diſcours, Mademoiſelle de Vaury changea de couleur, & ne fut point aſſez maitreſſe de ſes ſentimens pour ne pas en faire voir une partie. Ne pouvant réſiſter à ſa douleur, elle abrégea cette viſite ſous differens prétextes, & ſe retira chez elle pénétrée de chagrin.

Son état n'avoit point échappé à l'Abbé, & le joignant au refus qu'elle avoit fait d'aller en Eſpagne, il ne douta plus qu'il n'y eût entre elle & le Comte une liaiſon de tendreſſe. Cette penſée redoubla ſon empreſſement pour la ſouſtraire à la ſéduction. L'Abbé de Ligny avoit les défauts des gens de ſa robe, quand ils ſont vertueux; un zele indiſcret, & beaucoup de confiance en leurs lumieres. Il y joignoit de l'honneur; il crut devoir perſécuter ſa niece pour ſe ſauver des reproches; & dans l'intention de la rendre heureuſe, il voulut, à quelque prix que ce fût, rompre tout commerce entre le Comte & elle, l'enlever plutôt que de ſouffrir qu'on le ſoupçonnât de favoriſer un entêtement qui le ruineroit de fortune & de réputation. Ces chiméres avoient quelque fondement : Mlle. de Vaury étoit vertueuſe ; mais elle pouvoit ceſſer de l'être avec une paſſion dans le cœur, & les occaſions de voir ce qu'elle aimoit : il falloit, d'un autre côté, ôter toute eſpérance au Comte pour l'engager de conclure ſon mariage avec Mlle. de Saint-Pere, dont il n'avoit pas voulu entendre parler depuis la premiere converſation qu'il avoit eue avec Cécile : à peine avoit-il gardé avec la Ducheſſe les bienſéances néceſſaires, pour l'empêcher de ſoupçonner Mademoiſelle de Vaury d'être la cauſe de ce qu'il ne leur rendoit plus que des viſites auſſi courtes que rares.

La Ducheſſe de Saint-Pere avoit en

vain fait de douces remontrances à sa fille sur son penchant pour un homme qui la dédaignoit. Pour la distraire de sa mélancolie, elle la faisoit sortir du couvent, & étoit elle-même rentrée dans le monde, afin de la conduire à la Cour & à tous les divertissemens, qui ne devenoient quelque fois qu'une source de larmes pour Mademoiselle de Saint-Pere, quand elle y rencontroit le Comte de Marsevil, dont la froideur la faisoit mourir mille fois. La crainte de le perdre entierement l'empêcha d'éclater; elle ne pouvoit s'imaginer qu'après les engagemens qu'il avoit pris avec elle, il osât refuser sa main; trop fiere pour lui faire des reproches, elle souffroit doublement de ne pouvoir s'expliquer. Les passions ont plus d'empire sur les personnes renfermées en elles-mêmes: Mlle. de Saint-Pere aimoit le Comte avec tant de violence qu'elle se détermina à la démarche la plus extraordinaire pour une perſonne de ſon humeur ; ce fut de tenter ſi Mademoiſelle de Vaury, qu'elle ſçavoit généreuſe, ne lui céderoit pas tous ſes droits ſur le cœur de Monſieur de Marſevil. Car elle ne doutoit point qu'elle n'en fût éperduement aimée. Dans quelles fauſſes démarches les femmes bornées ſont-elles entraînées, quand elles ont un penchant violent ! Mademoiſelle de Saint-Pere étoit excuſable par l'erreur dans laquelle elle avoit été, & bien malheureuſe par les ſuites que devoit avoir ſa tendreſſe pour un homme qui ne pouvoit l'aimer, & qui en adoroit une autre.

Tout s'oppoſoit à la ſatisfaction de Mademoiſelle de Vaury ; ſon eſprit lui montroit bien les inconvéniens de ſa liaiſon avec le Comte ; mais ſa tendreſſe pour lui ſembloit y trouver des remédes, ou plutôt l'aveugloit ſur les ſuites. La ſcene qu'on va voir, mit le comble à ſes malheurs. Le Comte l'avoit vûe pluſieurs fois à la grille ſous différens déguiſemens & toujours avec ſuccès : ces heureux momens furent employés à ſe jurer une fidèlité & un amour éternel, & à ſe donner mille innocents témoignages de tendreſſe. Le Comte étoit au parloir, déguiſé en femme ; il y avoit environ une heure qu'il exprimoit à Mademoiſelle de Vaury les ſentimens dont il étoit pénétré, quand ils entendirent un cri perçant, partant d'une cheminée commune qui donnoit dans un autre parloir. Tournant auſſi-tôt la tête, ils virent Mademoiſelle de Saint-Pere appuiée contre la grille, qui ſembloit chanceler, & prête à tomber. Le Comte ne pouvant approcher, d'ailleurs n'étant pas ſûr d'avoir été reconnu, ſortit pendant que Mademoiſelle de Vaury ſe hâtoit d'ouvrir la porte qui communiquoit, pour donner du ſecours à Mademoiſelle de Saint-Pere. Il étoit tems : cette infortunée Damoiſelle preſqu'évanouie alloit être renverſée & peut-être bleſſée de ſa chûte. Que venez-vous faire ici, lui demanda Mademoiſelle de Vaury ? Elle ne put répondre, & lui reſta dans les bras ſans connoiſſance ; Cécile arriva heureuſement pour aider à la tranſporter dans un fauteuil ; les ſecours qu'on s'empreſſa de lui donner, rapellerent ſes ſens : elle ouvrit les yeux, & ſe plaignit de ſon ſort dans des termes ſi tendres, que Mademoiſelle de Vaury en fut touchée. Regardant enſuite la grille, où elle avoit apperçu le Comte, elle le demanda ; Mademoiſelle de Vaury feignit d'ignorer ce qu'elle vouloit dire. Quittez, quittez la feinte, continua Mademoiſelle de Saint-Pere : je vous connois plus ſincère ! Hélas je ne me plains pas de vous ; c'eſt de moi même : cependant conſidérez combien je ſuis malheureuſe de me voir mépriſée par l'homme du monde dont je devois attendre le plus de ſentimens. C'eſt vous, Mademoiſelle, qui cauſez tant de trouble; ſans vous je ſerois unie à un homme que j'adore malgré ſon indifférence.

Pendant ce diſcours, qui ne fut interrompu que par les ſoupirs & les larmes, Mademoiſelle de Vaury avoit tenu ſes yeux baiſſés, ſans répondre un ſeul mot: mais touchée de l'état où elle voyoit ſa triſte compagne, je n'ai point voulu, lui dit-elle, vous donner aucun déplaiſir; & j'ai fait tout ce qui a été en mon pouvoir pour vous les épargner: je ne ſçais, continua-t-elle en rougiſſant, par quelle fatalité Monſieur de Marſevil a pris le ſoin de me prouver des ſentimens que j'ai combattus de tout mon pouvoir; mais il m'a vûe, malgré les obſtacles que j'ai ſans ceſſe oppoſés à ſes demarches. Cependant, reprit Mademoiſelle de Saint-Pere, je vous écoutois; & il m'a ſemblé que vous répondiez avec bonté aux proteſtations qu'il vous faiſoit. Je vous crois vertueuſe : il n'y a pas d'apparence que vous conſentiez à partager votre amant avec ſa femme. Non, Mademoiſelle, reprit Mademoiſelle de Vaury, que cette objection embarraſſoit : je n'ai conſenti à rien ; & je me trouve embarquée, ſans l'avoir voulu, dans une liaiſon que mon eſprit déſapprouve, mais qui n'eſt pas plus ſûre pour vous que pour moi. Le Comte eſt engagé avec vous par les bienſéances, & ſe ſent porté vers moi par ſon inclination. Je ne ſçais laquelle de nous deux eſt la plus à plaindre? Hélas! c'eſt moi, répliqua Mademoiſelle de Saint-Pere : je voudrois être à votre place. Puiſque cela eſt ainſi, demanda Mademoiſelle de Vaury, comment vous conduiriez-vous? Prononçez vous même ; & je promets de me conformer à ce que vous preſcrirez. Mademoiſelle de Saint-Pere avoit peu d'eſprit ; cette queſtion étoit difficile à réſoudre. Elle mit au moins toute la ſincérité dans la réponſe. Si j'aimois, dit-elle, autant que j'aime, je ſens bien que je ſuivrois mon penchant, dût-il m'en coûter cher : mais il s'en faut de beaucoup que vous ne ſoyez touchée auſſi ſenſiblement : il vous ſera plus facile de me ſacrifier vos intérêts ; & comptez ſur une reconnoiſſance proportionnée aux obligations que je vous aurai. Vous devez oublier le paſſé, en faveur du mal que vous m'avez fait. Hélas ! Mademoiſelle, vous-êtes bien vengée par les tourmens que j'endure, & par la préférence que l'on vous donne ſur moi.

Mademoiſelle de Vaury avoit l'ame généreuſe ; mais elle aimoit tendrement. Que l'on juge des combats qu'elle eut à ſoutenir. Elle reſta longtems dans un ſilence accablant. La préſence de Mademoiſelle de Saint-Pere la gênoit. Voulant méditer à loiſir ſur ce qu'elle devoit faire, elle la pria de lui permettre de ſe retirer dans ſa chambre, pour prendre avec elle-même une derniere réſolution. Mademoiſelle de Saint-Pere eût bien déſiré qu'elle ſe fût déterminée ſur le champ ; mais trouvant de l'indiſcrétion à la forcer de ſe réſoudre ſans y avoir penſé, elle ſe leva ; & lui prenant les mains avec affection, en la regardant avec les yeux remplis de larmes, elle lui dit de ſe ſouvenir que le bonheur ou le malheur de ſa vie alloit dépendre de ſa réſolution. S'appuyant enſuite ſur le bras de Cécile, elle ſe retira. Nous verrons dans la quatriéme partie de cette Hiſtoire, quel fut la conduite de Mademoiſelle de Vaury.

Fin de la troiſiéme partie.

www.ingramcontent.com/pod-product-compliance
Ingram Content Group UK Ltd.
Pitfield, Milton Keynes, MK11 3LW, UK
UKHW022102260726
13993UKWH00001B/276